汽车纵侧向动力学及电控技术

王金波　著

中国水利水电出版社
www.waterpub.com.cn

·北京·

内 容 提 要

本书紧密围绕汽车纵侧向动力学控制及关键技术，介绍系列理论建模、仿真计算、试验验证等内容，包括汽车纵侧向动力学及电控技术概述、相关技术发展现状、汽车系统动力学建模、驾驶员的特性与汽车安全运行、EPS 回正控制技术、EPS 与 ESP 协调控制、EPS/ESP 协调控制试验等。

本书可作为高等院校汽车类（车辆工程、交通运输）专业教材，也可供汽车电控系统开发等行业工程技术人员参考。

图书在版编目（ＣＩＰ）数据

汽车纵侧向动力学及电控技术 / 王金波著. -- 北京：
中国水利水电出版社，2019.4
ISBN 978-7-5170-7589-9

Ⅰ. ①汽… Ⅱ. ①王… Ⅲ. ①汽车－动力转向装置－
研究②汽车－电子系统－控制系统－研究 Ⅳ.
①U463.403②U463.6

中国版本图书馆CIP数据核字(2019)第069201号

策划编辑：杜 威　责任编辑：张玉玲　加工编辑：高双春　封面设计：李 佳

书　　名	汽车纵侧向动力学及电控技术 QICHE ZONG-CEXIANG DONGLIXUE JI DIANKONG JISHU
作　　者	王金波 著
出版发行	中国水利水电出版社 （北京市海淀区玉渊潭南路 1 号 D 座　100038） 网址：www.waterpub.com.cn E-mail: mchannel@263.net（万水） 　　　　sales@waterpub.com.cn 电话：（010）68367658（营销中心）、82562819（万水）
经　　售	全国各地新华书店和相关出版物销售网点
排　　版	北京万水电子信息有限公司
印　　刷	三河市元兴印务有限公司
规　　格	170mm×240mm　16 开本　11.25 印张　145 千字
版　　次	2019 年 4 月第 1 版　2019 年 4 月第 1 次印刷
印　　数	0001—3000 册
定　　价	50.00 元

凡购买我社图书，如有缺页、倒页、脱页的，本社营销中心负责调换

前　　言

汉车动力学及其控制问题一直是学界研究的热点。在我国曾出版过不少关于这方面的图书，但很多显得内容陈旧；新近的文章和书籍虽然不少，但都比较分散并各有侧重点，一些新颖的观点尚未反映在书中，急需改革、更新。撰写一本内容新颖并具有理论意义和工程背景的汽车纵侧向动力学及电控技术方面的专著，是作者多年的梦想。

本书不想在阐述前人的理论和方法方面求多求全，而力求内容能够新颖和切合实用。本书的内容多为作者近年来发表的一些研究及学习心得以及指导研究生的成果，并吸收了国内外同行的研究成果。本书可作为工程技术人员及高校学生的参考书。在本书的研究和形成过程中，得到导师合肥工业大学王其东教授、陈无畏教授的悉心指导和帮助，是他们把我引入了汽车纵侧向动力学研究领域。在日常工作及科学研究方面，得到作者单位山东交通学院汽车工程学院刘树民书记、于明进院长等领导的指导和帮助；在控制算法、数值计算方面，作者曾请教过合肥工业大学赵林峰副教授、夏光副教授、黄鹤博士、王家恩博士等；在试验方面，得到了朱文勃、从光好、时利、黄清泉、刘伟等硕士的帮助，在此向他们表示深深的感谢。

由于水平有限，书中难免有疏漏之处，诚恳期望得到同行专家和广大读者的批评指正。

作　者

2019 年 1 月

目　　录

第1章 绪论

随着汽车动力学、电子技术的发展，各种基于提高和改善汽车动力性、经济性、安全性等的电控技术在汽车上得到广泛应用。汽车纵向动力学主要研究汽车的动力性和制动性，汽车侧向动力学主要研究汽车的操纵稳定性。本书的汽车纵侧向动力学忽略垂向运动的影响，仅考虑汽车平面运动。以电动助力转向（Electric Power Steering，EPS）系统和电子稳定程序（Electronic Stability Program，ESP）为代表的汽车底盘电控系统装车率越来越高，对提高汽车的各方面性能发挥了重要作用。然而，这些系统大都侧重于提高汽车单一的性能指标，由各零部件厂商单独开发，未考虑与其他电控系统的信号共享及协调等问题，简单的功能叠加往往会导致子系统之间的冲突，不能使汽车性能达到最优。汽车底盘集成与协调控制是近年来研究的热点之一。底盘协调控制实现各系统之间的信号共享，避免各子系统之间的冲突和干扰，根据行驶工况和车辆状态等的变化，充分发挥各子系统的特长，实现整车综合性能的最优。

1.1　汽车纵侧向动力学及电控技术概述

近年来，用于改善汽车的纵向、侧向和垂向动力学特性的电控技术已广泛应用于汽车底盘控制中，使汽车的动力性、操纵稳定性和行驶安全性都得到了极大提升。车载传感器使得现代汽车能够足够智能地去感知周围的环境，给电控系统提供相应的信号，提高了汽车的操纵性、稳定性、安全性和舒适性。在车辆纵向、横向、垂向控制方面，出现的电控系统有牵引力控制系统（Traction Control System，

TCS)、制动防抱死系统（Anti-lock Braking System，ABS）、电子稳定程序（ESP）、直接横摆力矩控制（Direct Yaw-moment Control，DYC）；主动前轮转向（Active Front Steering，AFS）、电动助力转向（EPS）、四轮转向（4 Wheel Steering，4WS）；连续阻尼控制（Continuous Damping Control，CDC）、主动悬架（Active Suspension，AS）等。

汽车底盘电控系统的发展经历了以下阶段：第一阶段是以4WS、ABS、ESP、TCS等为代表的汽车电控系统的应用。这些系统主要由传感器、电子控制单元及执行机构组成，某些技术已发展的较为成熟。第二阶段主要有线控转向（Steer by Wire，SBW）、线控制动（Brake by Wire，BBW）、线控油门（Throttle by Wire，TBW）等以线控技术为核心的汽车电控系统，降低了机械连接的复杂程度，取而代之的线控单元随时根据汽车状态信息提供相应的控制信号，改善了汽车的操纵稳定性和乘坐舒适性。第三阶段是底盘集成控制系统（Integrated Chassis Control，ICC），又称为底盘综合控制系统（Global Chassis Control，GCC），这是汽车底盘电控系统未来发展的方向。

在转向方面，EPS因其具有技术成熟、可靠性高、节能环保等优点，已成为绝大多数乘用车的标准配置；制动方面，ESP已逐渐成为中高级乘用车的标准配置。转向回正性是反映汽车操纵稳定性的重要指标。现有研究大多以转向盘转角、转矩、前轮回正力矩作为转向回正控制的参考输入。基于此，需要充分利用车载ESP传感器的信号，对车辆状态的参数进行估计，并将估计到的车辆状态参数作为EPS转向回正性控制的依据，来提高汽车的转向回正性。人们对汽车的性能提出了越来越高的要求，由于车辆与驾驶员之间存在着相互作用和影响，而驾驶员个体之间的差异很大，故有必要考虑不同驾驶员之间的个体差异，利用EPS控制来提高汽车的性能。

实践证明，单一的电控系统往往只能改善车辆某方面的性能，当多个子电控系统同时装在车辆上时，由于子系统控制目标不同，而控制的执行元器件有重合部分，造成了各子系统之间的干扰、重叠甚至冲突，影响控制效果。作为控制汽车侧向、纵向运动的转向、制动系统都是汽车底盘的重要组成部分，直接影响到车辆的操纵稳定性。轮胎的纵向力和侧向力存在摩擦椭圆的耦合，纵向附着系数-滑移率的关系表明轮胎纵向力和垂向力之间存在耦合，同理，侧向附着系数-侧偏角之间的关系表明轮胎侧向力和垂向力存在耦合，汽车控制的规律大多与轮胎的线性、非线性特性有关。影响轮胎-路面接触特性，并对侧向力有直接影响的因素有前轮转角、轮胎的侧偏角、后倾角，驱动和制动操作对纵向力有直接影响。由于最大附着潜力的存在，轮胎垂向力对纵向力和垂向力均有影响。纵向/侧向/垂向动力学之间的耦合如图 1.1[1] 所示。

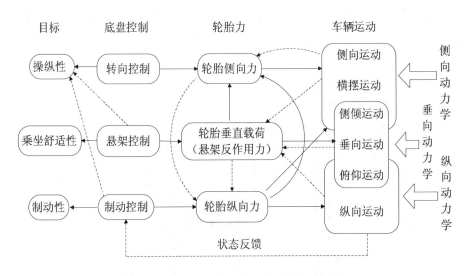

图 1.1　纵向/侧向/垂向动力学之间的耦合

由于 EPS、ESP 的装车率越来越高，二者对于提高汽车的操纵稳定性和行驶安全性都具有重要作用，汽车侧向、纵向运动之间存在动力学耦合关系。故研究二者之间的协调控制及关键技术具有重要意义和良好的应用价值。

本书以 EPS/ESP 协调控制为核心，进行了 EPS 回正性、考虑驾驶员因素的 EPS 控制、协调控制等关键技术的研究。

1.2 相关技术历史及现状

1.2.1 EPS 研究现状

EPS 主要由助力电机、转矩传感器、管柱总成及 ECU 等组成。其工作原理如图 1.2 所示。ECU 根据整车 CAN 网络上仪表盘模块对汽车的点火状态及发动机的运行状态进行判断，感知汽车是否处于运动状态。同时，由轮速传感器信号，对当前汽车的轮速/车速进行一定的逻辑判断，并结合转矩传感器获得的转向盘转矩信号判断驾驶员的操作意图，从而控制 EPS 助力电机进行助力控制、低速回正补偿控制或高速回正阻尼等控制。

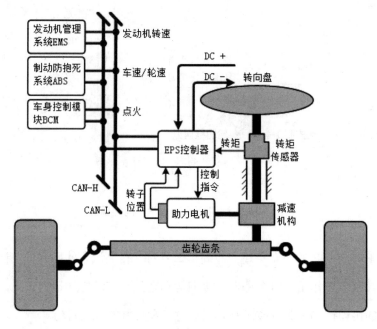

图 1.2 EPS 原理图

状态参数估计方面。范璐等[2]利用轮速和横摆角速度实时估计路面附着系数，并设计电流补偿助力控制器，提高了驾驶员的驾驶路感。赵飞翔等[3]采用电阻在线辨识和前馈反馈综合控制的方法改善了电机的电流跟随速度和力矩控制精度。郑太雄等[4]通过估计路面附着系数获取 EPS 系统阻力矩，用未知输入观测器估计转向盘转矩，基于 EPS 状态反馈实现对系统的无传感器最优控制。李绍松等[5]通过建立 EPS 模型估计折算到转向小齿轮上的路面冲击力矩，确定出路面冲击补偿电流，衰减了由路面冲击导致的转向盘干扰力矩。Hsu 等[6-8]通过量产车上的传感器（包括 SBW、EPS 的转矩传感器）估计轮胎侧偏角，基于一个简单的回正力矩模型，利用转向盘转矩及 GPS 测得的侧偏角信息来估计各种路况下轮胎的侧偏刚度。

利用 EPS 转向盘转矩中的轮胎气胎拖距信息在车辆达到侧向极限之前就能监测到其侧向操纵极限（操纵极限由轮胎侧偏角和最大侧向力决定），来估计最大侧向力[9]。Yasui 等通过转向力矩和 EPS 电机电流来获得回正力矩，轮胎侧偏角通过 ESP 的车辆侧偏角来计算，由回正力矩和轮胎侧偏角的关系估计横向附着裕量（Lateral grip margin，LGM），LGM 在道路湿滑和轮胎抓地能力变差时提醒驾驶员，通过集成基于 LGM 的制动控制和 ESP 来改善车辆的行驶稳定性。

控制策略方面。赵树恩等[10]设计了一种能主动转向的 EPS 控制系统，满足了汽车极限运行工况时整车操作稳定性的要求，使得车身质心侧偏角和横摆角速度减小。吕英超等[11]设计了 EPS 用永磁同步电机（Permanent Magnet Synchronous Motor，PMSM）的弱磁控制策略。詹长书等[12]为了减小系统的跟踪误差，采用转向盘转矩和电流环反馈进行闭环控制，获得了良好的动态响应特性。程安宇等[13]利用转矩信号和电机控制信号相融合的方法，改善了 EPS 系统的稳定性和安全性。文献[14]基于线性二次高斯控制（Linear-quadratic-Gaussian control，LQG）设计主动转向系统，具有较好的鲁棒性。郑太雄等[15]设计了基于模糊规则的助力-回正特性，采用 EKF 估算定子磁链与位置，利用直接转矩控制算法提高了电机控制精度与响应速度。张海林等[16]集成 EPS 与车道保持系统，介绍一种考虑驾驶员跨道时间与操作行为判断的车道保持协调控制方法，确保了车辆的行驶安全性。臧怀泉等[17]基于遗传算法的鲁棒 H∞EPS 控制策略提高了驾驶员的路感和行驶安全性。向丹等[18]提出综合惯性补偿、相位超前补偿和阻尼补偿等的控制策略，满足了低速转向轻便性和高速转向路感强的要求。张虎等[19]基于扰动观测器设计鲁棒预测电流控制算法，提高了电流跟踪的稳态与动态性能。张荣芸等[20]设计了 LPV/H∞ 鲁棒控制器，减小了系统参数的不确定性对其性能的影响，提高了路感和助力性能。周兵等[21]为了提高在低附着路面的路感和防止驾驶员的误操作，根据估计到的低附路面的前轴侧向力来确定 EPS 的补偿电流值，取得了较好的效果。程寿国[22]建立了 EPS 电子控制单元的有限元热模型，设计了最优的 ECU 散热结构，提高了 ECU 的散热能力。罗苏安等[23]设计基于 MC9S12P64 ECU 的 EPS 系统。转向助力矩的频率响应受汽车动力学的影响而改变，Yamazaki 等[24]通过在现有的 EPS 系统的滤波器增加黏度控制来改善驾驶感。为提高车辆的操纵稳定性，在侧向加速度或横摆角速度达到临界值时采取适当的控制策略。Wang 等[25]提供了防止过度转向的方法，横摆角速度传感器检测横摆角速度信号并传给 CPU，横摆角速度达到临界值时，控制助力电机防止过度转向。转向系统的设计必须确保驾驶员的安全和舒适，然而，这些特性很难定量描述，因此现在的控制器设计需要很多实验，Sugita 等[26]提出 EPS 包括阻尼、惯性补偿、振动抑制的控制器。

Sugiyama 等[27]开发了一套减小转向时来自地面车轮振动的 EPS 控制策略，不影响不同频率下回正力矩产生的路面信息，此 EPS 控制器根据特定频率下的电机角速度阻尼特性设计，试验验证了在不平路面上不牺牲回正力矩产生的路面信息的基础上，能够减小转向振动。路面车辙产生的干扰力矩影响车辆行驶的机动性，传统的 EPS 不能分辨驾驶员输入力矩与路面产生的力矩，Koyama 等[28]基于 EPS 来提高在车辙路面上转向机动性，检测来自路面凹槽的力矩。当检测到干扰力矩时，EPS 进行相应的补偿，转向拉力减小并未妨碍驾驶员转向感。该方法减小了转向力，提高了在凹槽路面上的转向机动性。

Hung 等[29]设计了小波模糊神经网络、不对称的隶属函数与改进的微分进化算法，用来控制 EPS 的 PMSM，改善驾驶舒适度和车辆的稳定性。Marouf 等[30]用滑模控制来跟踪期望的 EPS 助力电机转角，以满足期望的性能。用测得的电机电流和转向角，设计了未知输入的级联滑模观测器对 EPS PMSM 进行无传感器控制[31]。Hanifah 等[32]通过蚁群优化算法寻找 PID 控制器最优的增益参数，减小电动汽车上 EPS 的能量损耗。

转向回正控制方面。赵万忠等[33]以转向盘转角和转速为控制信号的输入，采用模糊自整定 PID 回正控制策略，以回正控制电压为输出，改善了电动客车的转向回正性。滕广宇等[34]以转向盘残余转角及转向盘回正角速度作为评价车辆低速转向回正性的试验指标。赵林峰等[35]融合估算的转向盘转角值和测得的转向盘转矩信号来判断转向状态，用模糊 PD 控制策略进行助力控制和回正控制。熊亮等[36]介绍一种仅通过改变 EPS 控制程序的无转向盘转角传感器主动回正控制方法。史松卓等[37]基于转向盘转角进行 EPS 主动回正控制研究，改善转向回正性。由于 EPS 摩擦转矩和系统参数具有不确定性，Chen 等[38]提出了助力和回正控制的触发规则，设计了 EPS 回正滑模控制策略，改善了转向回正性。张维等[39]基于目标操纵转矩和转向盘转角进行转向回正的 PID 控制，改善了转向回正性能。此外，程勇等[40]根据转向盘转矩信号估计转向盘转角，无需配置转向角传感器进行回正控制。黄清泉等[41]通过估计到的电机转角反算转向盘转角及转矩，并以此计算回正助力力矩。李绍松等[42]介绍一种无转向盘转角传感器的主动回正控制方法，无需附加系统元件，只需要以软件形式附加在 EPS 系统控制程序中。何殿福等[43]针对 EPS 回正不足，基于转向盘角度信息进行主动回正控制算法设计。由于传统 EPS 控制中低附着系数路面或转向管柱摩擦损失力矩使转向回正性变差，Kurishige 等[44-45]基于估计到的轮胎回正力矩，提高了在易滑路面上的转向机动性和转向盘的回正能力。上述研究大多以转向盘转角、转矩、前轮回正力矩作为转向回正控制的参考输入。

Sugita 等[46]利用人-机交互作用原理设计 EPS 控制器，确保驾驶的安全运行和操作舒适。何杰等[47]将驾驶特性分为 12 类，分类的根据是驾驶员的生理、心理和疲劳程度等的差异，并分析了行车安全与驾驶行为特性的关系。Mehrabi 等[48]开发了驾驶员和车辆之间的界面，目的在于设计考虑驾驶员特性影响的 EPS 控制器。Fujiwara[49]考虑驾驶员的操纵特性，利用转向盘转角和转矩，基于增益调度控制实现驾驶员和辅助系统的协调。李昌刚等[50]设计了一种底盘集成控制系统，包括后轮主动转向、直接横摆力矩控制和纵向驱动力补偿。驾驶员模型与车辆组成人-车闭环系统，改善了车辆的路径跟踪能力，提高了车辆的主动安全性和操纵稳定性。Li 等[51]开发了包含准线性驾驶员模型和牵引半挂车的闭环系统，研究结果表明，驾驶员的固有延时、半挂车的载荷和车速对闭环系统有重要的影响。胡延平等[52]针对传感器故障情况设计控制器研究了 EPS 系统的容错控制，改善驾驶员的驾驶安全性。Jalali 等[53]设计了包含四轮驱动电机和主动转向系统的全轮驱动电动汽车，开发了路径跟踪和增益调度速度控制驾驶员模型，通过控制输入从而跟踪预定路径，改变四轮的驱动转矩使得实际车速与期望车速偏差最小。上述研究均考虑了驾驶员与车辆之间的相互作用及影响，但考虑驾驶员个体差异影响的汽车 EPS 控制方面，尚未有深入研究。

1.2.2 ESP 研究现状

汽车安全系统可以分为被动安全系统和主动安全系统。被动安全系统如安全带、安全气囊和保险杠等，旨在降低事故发生后车内人员的受损程度。而随着科技的发展，汽车技术人员提出了主动安全的概念，希望通过主动安全系统预先做出动作以避免事故的发生。

当汽车进行转向操作时，如果路面较滑或者车速过高，汽车便会产生转向不足，或者转向过多的现象。转向不足是由于前轮侧向力过小引起的，此时汽车由于没有能够及时调整行驶方向则有可能冲出跑道；转向过多是由于后轮侧向力过小而造成的，在转向时无法维持车身后部的姿态，从而使汽车会发生甩尾甚至自旋的现象。这两种现象都很容易引发交通事故。不管是转向不足还是转向过多,归根结底都是由车轮的侧向力会饱和这一特性造成的。随着车轮侧偏角的增加,车轮侧向力从线性增长逐渐过渡到非线性增长,并趋于饱和,而当饱和的侧向力无法提供足够的横摆力矩时,汽车便会失去控制。由于车轮侧向力进入非线性状态时,侧向力的增长极为有限,因此车轮处于线性状态时,汽车处于最安全的状态,这也是二自由度线性汽车模型被用来作为反映汽车正常行驶状态的原因。ESP的结构组成如图 1.3 所示。

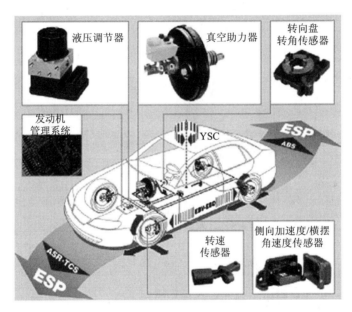

图 1.3 ESP 的结构组成

ESP 系统利用了汽车不对称制动会使车身发生偏转的原理。ESP 在汽车不足或过多转向的情况下,及时对汽车进行干预,从而使汽车保持稳定。其基本原理如图 1.4 所示。当汽车车速过快,转弯出现转向不足时,可能会因为前轴失去转向能力而驶出正常行驶路径,此时 ESP 会制动内后轮,产生一向内侧的横摆力矩,从而弥补汽车的不足转向趋势,也可以通过 EMS 减少发动机动力输出,降低车速,增大轮胎侧向力,产生与运动方向相同的横摆力矩,辅助汽车转向,防止汽车驶出正常行驶路径；当汽车转弯行驶出现过多转向时，如不对汽车加以控制，可能会由于转弯半径过小，后轴出现侧滑而发生激转，这是一种比较危险的工况，而当 ESP 系统检测到汽车的过多转向趋势时，会对外前轮进行制动，产生一向外侧的横摆力偶矩，从而纠正车辆的过多转向姿态。

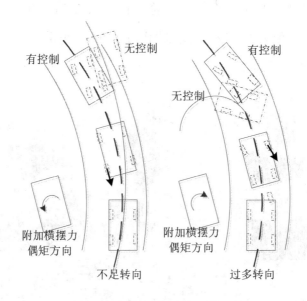

图 1.4　有无 ESP 车辆运动的对比

　　ESP 应用在量产车上来防止汽车失控，使车辆横摆角速度响应符合驾驶意图。ESP 是通过对车辆不同轮的制动来产生一横摆力矩，使车辆按驾驶员的驾驶意图行驶。作动器利用制动系统中的液压阀实现；传感器有转向盘转角传感器、侧向加速度传感器、各轮速传感器和横摆角速度传感器。ESP 系统的设计包含了对车辆的操纵稳定性和响应特性的折中。车辆此刻的状态向量通过传感器获取，无法由传感器直接测得的变量（如车辆的质心侧偏角）通过其他传感器测得的值估计得到。

　　状态参数估计方面。通过量产车上 ESP 传感器能够测得的量如侧向/纵向加速度、转角、横摆角速度、轮速等估计质心侧偏角[54]。Arat 等[55]介绍基于轮胎侧偏角反馈的车辆稳定性自适应控制方法，轮胎侧偏角的变化通过智能轮胎系统的传感器融合由滑模观测器估计得到，相比传统的横摆角速度反馈方法，提高了稳定性。文献[56]实时在线估计 ESP 的车辆稳定性因子。ESP 面临的最大挑战在于识别和监测轮胎的滚动环境，尤其是轮胎-路面附着系数[57]。赵治国等[58]考虑四驱混合动力轿车后轮毂电机驱动转矩的准确可测及既定模式下前驱动轮转矩的可推算性，利用 ESP 传感器信号和 UKF 算法估计车速。

控制理论方面。郭健等[59]根据转向盘转速判断驾驶员行驶意图，使得 ESP 的介入时间更趋合理。欧健等[60]基于模糊控制理论设计了质心侧偏角反馈控制器。李胜琴等[61]建立以横摆角速度为控制变量的 ESP 模糊控制器。王振臣等[62]设计自适应模糊 PID 控制器，提高了汽车稳定性。陈松等[63]以横摆角速度为控制变量，基于滑模理论设计了 ESP 控制器。王金湘等[64]为提高汽车在极限状态下曲线行驶的稳定性，开发了基于 DSP 的 ESP ECU，实现横摆角速度变逻辑门限值的车辆稳定性控制策略。喻海军等[65]设计了基于横摆角速度的自适应神经模糊推理系统，提高了车辆的稳定性。张为等[66]介绍一种主环-伺服环分层结构的 ESP 控制策略。主环采用一阶滑模控制算法，设计了滑模面和滑模控制律，其输出为保持车辆稳定所需的车身附加横摆力矩，伺服环控制器采用近似模拟人类思维的九点五态控制算法，通过控制制动压力实现期望的制动滑移率，从而产生附加横摆力矩，设计了具有实时视景反馈功能的驾驶员在环仿真平台。

4WS 模糊控制器根据前轮转角调整后轮转角，ESP 控制器产生期望的横摆力矩[67]。范小彬等[68]建立某型车的虚拟样机模型，设计了横摆和侧偏的 ESP 控制器。刘翔宇等[69]设计了一种基于 DYC 和 ABS 分层协调的 ESP 控制方法，取得了良好的效果。郭建华等[70]设计了一种根据车辆状态信息自动适应车速和路面附着系数变化的模糊自适应 ESP 控制器。Aykent 等[71]将 ESP 集成到 ARC 控制器中。文献[72]用车辆模型代替查表的方式对常规的 ESP 进行了改进。Katzourakis 等[73]研究了 ESP 的容错控制。Rajamani 等[74]在车辆稳定控制中集成了横摆稳定性和防侧翻的功能。

Lee 等[75]建立变车道驾驶员模型，进行主动安全系统的闭环仿真。孟爱红等[76]对 ESP 液控单元的关键部件回油泵、高速开关阀进行了建模及仿真研究。王伟玮[77]等实现了在无背压条件下 ESP 的液压执行单元内部柱塞泵主动增压的设计方法。

1.2.3　汽车底盘协调控制研究现状

控制体系架构方面。底盘控制系统的架构分为并行式、集中式和分层式三种，分别如图 1.5 至图 1.7 所示[78]。

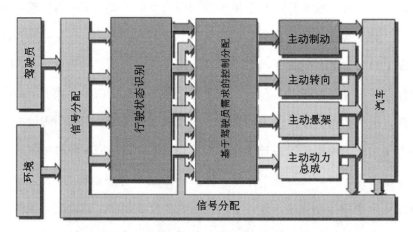

图 1.5　并行式结构

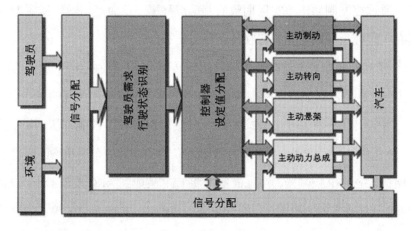

图 1.6　集中式结构

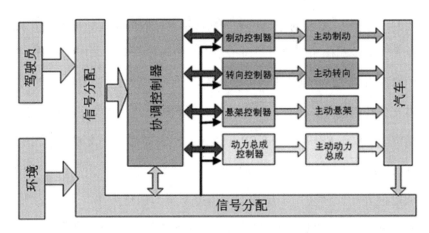

图 1.7　分层式结构

　　Kou 等[79]通过汽车底盘存在的 2 个或更多的子系统的传感器和控制的信息共享，减少了传感器和线束的成本，ICC 包括 CDC、AGCS 和 ESP。Choi 等[80-81]设计了 EPS 和差动制动的协调控制用于紧急情况下的驾驶辅助，帮助驾驶员克服危险的情况。试验结果表明在紧急情况下，能避免车辆碰撞和车道偏离。李以农等[82]用分布式智能递阶控制策略建立主动底盘分层协调控制结构，更好地改善整车综合性能。陈无畏等[83]对 EPS 和 ABS 采用分层协调控制，提高了汽车的制动稳定性和转向轻便性。汪洪波等[84]基于博弈论和功能分配对转向、制动子系统进行协调控制，取得了较好的效果。马国宸等[85]对汽车 EPS/ABS/ASS 系统进行了集成控制。Lu 等[86]提出了基于目标的分层控制策略，集成了转向、制动系统，提高了汽车在不同工况下的行驶性能。Poussot 等[87]设计了包含制动和转向系统的多变量底盘全局控制器（GCC），在汽车出现失控的危险情况时，GCC 启动制动系统，当启动制动系统效果不佳时（如低附着系数路面、作动器失效等），GCC 启动前轮转向系统。

　　协调控制策略方面。关于主动转向系统（AFS）与 ESP 的协调控制研究较多，由于 AFS 能够在一定范围内主动调整前轮转角，不仅可以辅助驾驶员转向，同时还可以主动产生调整车辆姿态的横摆力偶矩[88]，高晓杰等[89]研究了 AFS 与 ESP

的协调控制，分析了 AFS 对车辆过多转向和不足转向的工作效果，提出 AFS 不适合工作于大前轮侧偏角的情况，对于单个车轮来说，制动干预比转向干预能获得更大的横摆力矩，因此制动干预更适合危险工况，当对转向轮施加大制动力时，AFS 基本丧失控制能力；另外，AFS 对车速影响较小，故提出了不稳定工况 ESP 介入，稳定工况仅 AFS 或 AFS/ESP 联合介入的基本思路。文献[90]介绍了集成 ESP 和 AFS 的统一底盘控制策略，此策略包括观测器和控制器两部分，观测器估计轮胎的纵向力和侧向力，上层控制器得出期望的横摆力矩，下层控制器采用 AFS+ESP 集成方法，通过纵向、侧向轮胎力的分配来获取期望的横摆力矩。AFS 和 DYC 的本质在于通过控制横摆力矩来提高汽车的操纵稳定性。Ali 等[91]设计具有分层结构的 AFS 和 DYC 集成系统，上层获得期望的横摆角速度，根据横摆角速度偏差及其变化率输出直接横摆力矩和前轮附加转角。AFS 能够改善轮胎线性区时的车辆横摆和侧倾运动，DYC 在非线性区高速运动时有更好的效果，但如何同时改善线性与非线性区域的稳定性，文中并未给出具体的方法。

赵健等[92]集成主动转向和差动制动系统，避免了侧翻事故发生。Jalali 等[1]针对装有四轮直接电机驱动和主动转向的电动汽车，设计先进的滑移率控制系统、先进扭矩矢量控制器和遗传模糊主动转向控制器，改善了操纵稳定性、纵向动力学特性和路径跟踪能力。文献[93]通过自适应最优轮胎制动力和侧向力的分配，集成了 ASC 和 DYC 系统。Hwang[94]、Yoon 等[95]集成了 AFS 和 ESP。Goodarzi 等[96]设计了集成模糊最优 AFS/DYC 控制器，对应于不同的行驶工况控制系统有五个独立的最优 LQR 控制策略。通过速度控制来防止汽车侧翻，通过横摆角速度控制提高汽车稳定性。文献[97]对 ESP、AFS 和 CDC 进行了集成控制，防止汽车侧翻。

Selby 等[98]对主动前轮转向与横向稳定性控制系统进行协调控制。Nagai 等[99]提出一种在极限行驶工况下通过主动控制前轮转角和四轮制动力分配来改善汽车操纵稳定性的控制系统。文献[100]对主动转向（ASC）和 DYC 进行了协调控制。

当汽车侧向加速度较大时，轮胎不能够提供足够的侧向力（横摆力矩），此时 DYC 起作用，以前轮转向角和附加横摆力矩作为控制目标。文献[101]集成了 ESC、4WD、ARS（Active Roll Control System），改善了车辆的高速转向性能。文献[102]集成了 AFS、ESP、主动悬架和可变力矩分配系统。Cairano 等[103]提出了基于 MPC 的 AFS 和差动制动协调控制，基于前后轮胎侧偏角设定了汽车的安全边界。考虑轮胎侧偏角的车辆动力学特性，并用分段仿射（Piece Wise Affine，PWA）逼近轮胎力特性，得到的 PWA 系统在 MPC 策略中作为预测模型，基于切换 MPC 策略，设计了控制器。Tang 等[104]建立了 ABS、ESP、ARC 的集成多体系统动力学模型，基于 ADAMS/Simulink 进行了不同路况条件下的单移线联合仿真。Cherouat 等[105]设计了侧向速度观测器，集成了转向、制动/驱动，提高了车辆的动力学性能和稳定性。

1.2.4　EPS/ESP 协调控制研究现状

从公开发表的文献资料来看，国内外学者对 EPS、ESP 协调控制的研究现状如下。

王其东等[106]提出一种基于 ESP 功能补偿的 EPS 转向回正控制策略，有效地实现了二者的信号融合，取得了较好的效果。文献[107]ESP 和 EPS 通过车载网络进行通信和信息共享（传感器及处理信号），EPS 提供包括转矩等转向信息，ESP 提供车辆操纵性等信息，为由已知信号估计车辆其他状态提供了可能。ESP 的转角传感器和 EPS 的转矩传感器均安装在转向管柱上，占用空间较大且设计复杂，石延平等[108]设计了转矩转角一体化传感器。说明 ESP 与 EPS 的传感器存在信息融合与结构集成的潜力，为二者的集成/协调控制提供了条件。另外，陈无畏等[109]开发了磁阻式 EPS 转矩转角传感器。Lee 等[110]提出了 UCC，其中 ESP 传感器的信号如侧向加速度、轮速、横摆角速度、转向盘转角等监测在对开路面和过度/不足转向时的车辆状态，ESP 计算所需的转向盘辅助转矩并通过 CAN 总线传给

EPS，以改善车辆的稳定性。主要针对分离系数路面制动工况，由 EPS 与 ESP 辅助驾驶员操作。Nakajima 等[111]开发了基于 EPS 的预估回正力矩的车辆状态监测算法，该算法能够比传统方法较早地监测不足转向。EPS 与 ESP 协调来控制转矩，在对开路面上，ABS 制动时，车辆会向高附着路面一边转移，此时驾驶员需向低附着路面一边操纵转向盘，补偿制动力差异导致的横摆力矩，此转向操纵称为反向旋转。控制转向助力矩能够帮助驾驶员完成反向旋转，额外的转向力矩由 ESP 中的车辆状态变量决定，帮助驾驶员完成反向转向。

在极限工况下，Bosch 公司[112]的动态转向力矩（Dynamic Steering Torque，DST）控制系统通过 ESP 系统的工作状态获取车辆的运行状况，为了使驾驶员作出正确的转向操作，通过改变 EPS 的助力大小来实现。王其东等[113]制定了基于汽车行驶安全边界的 EPS 与 ESP 协调控制规则，改善了汽车的行驶稳定性。杨军等[114]分析了 ESP 对 EPS 工作模式的影响。当 ESP 工作时，对相应轮胎的制动会改变该轮胎的侧向受力，当制动轮为前轮时，容易造成前轮回正力矩的进一步缺失，而现有 EPS 的回正力矩补控制策略并未考虑到 ESP 工作时造成的这种影响，因此，运用功能分配的方法对稳定控制力进行合力动态分配，针对低附着路面车轮回正力矩的严重缺失，设计了 ESP 工作影响下的 EPS 回正力矩补偿控制策略。

Mando[115]公司主要针对对开路面制动工况，车辆开始制动时，两侧轮胎的纵向力大小不同，产生了一个附加的横摆力矩。此时，ESP 调整制动力分配，UCC 系统通过 ESP 检测到的横摆角速度和轮缸压力计算出协调控制所需的横摆力矩，折算到转向系统中，由 EPS 电机辅助驾驶员作出相应的动作。张荣芸等[116]分别设计了 EPS、ESP 控制器和功能分配控制器，利用多功能分配方案和多目标模糊决策方法设计了 ESP 与 EPS 协调控制策略，制定了车辆不同状态时两系统的协调控制权重，并给出了具体的算法，从理论上给出了两系统协调控制算法，从而实现功能分配控制。

陈无畏等[117]对 EPS、ESP 控制输出量进行功能协调分配，采用模糊控制策略优化选择 EPS 与 ESP 的功能分配系数，明显改善了汽车行驶时的侧向稳定性和操纵安全性，提高了整车的全局控制性能。Chung 等[118]通过改变转向助力矩的特性提示驾驶员的转向方向，并对比了 ESP 和 EPS 集成控制系统的上下和并行两种控制结构。Lee、Choi 等[119]设计了 EPS 和差动制动的协调控制系统，用于紧急情况下的驾驶辅助，实现车道保持和车辆避撞。江青云[120]基于分层-监督控制结构设计 ESP 与 EPS 底盘一体化系统结构，进行了子系统协调控制和单系统功能优化。Yasui 等[107]提出回正力矩通过转向力矩和 EPS 电机驱动电流来获得，轮胎侧偏角通过 ESP 的车辆侧偏角来计算，由轮胎侧偏角和回正力矩的关系估计横向附着裕量（LGM）。LGM 在道路湿滑和轮胎抓地能力变差时提示驾驶员，通过集成 ESP 和基于 LGM 的制动控制来改善车辆的稳定性。

尽管在底盘协调控制方面取得了上述研究成果，同时也出现了很多的问题和困难。

（1）由于在不同方向动力学控制上存在的耦合因素，在某些工况下系统间可能存在目标和控制动作上的冲突，若不对两系统加以协调，系统间的相互干扰将可能对预期实现的总体性能带来不利的影响。

（2）每个系统所擅长的控制功能有所不同，如何根据车辆状态来实现对不同系统的协调，充分发挥各子系统的功能潜力，使汽车整体性能实现最优。

（3）由于外界环境和汽车行驶工况等错综复杂，很难根据外界环境和汽车行驶工况的变化直接来控制车辆。

因此，汽车底盘协调控制要解决以下几个关键问题：

（1）充分利用车载传感器采集到的信号，并以此来估计一些无法由传感器直接监测到的量，实现信号融合、共享。

（2）对各子系统控制涉及到的关键技术进行研究。

（3）制定一个根据汽车状态来控制车辆的通用、统一的协调控制策略。

1.3　本书主要内容

本书在借鉴国内外研究成果的基础上，介绍 EPS/ESP 控制及相关关键技术。围绕着汽车 EPS/ESP 控制的建模、理论分析、控制算法、硬件在环试验及实车试验验证这一主线进行，主要内容如下：

第 1 章为绪论，主要概述汽车纵侧向动力学及电控技术，介绍 EPS、ESP、汽车底盘协调控制、EPS/ESP 协调控制的研究现状。

第 2 章为汽车系统动力学建模，包括二自由度车辆模型、七自由度车辆模型、侧向-纵向联合轮胎模型、驾驶员模型等，然后对所建立的模型仿真分析，并与试验进行对比。

第 3 章为驾驶员的特性与汽车安全运行，介绍了驾驶员-车辆模型、EPS 控制算法设计、双移线工况仿真分析、驾驶员紧急转向工况分析、EPS 硬件在环试验等。

第 4 章为 EPS 回正控制技术，包括汽车自回正转矩分析、质心侧偏角的估计、控制器设计、仿真分析、EPS 转向回正性试验、逆向冲击力矩测试等。

第 5 章为 EPS 与 ESP 协调控制，介绍了汽车失稳机理、汽车行驶安全边界、EPS 与 ESP 系统协调控制器、计算机仿真分析、ESP 硬件在环试验。

第 6 章为 EPS/ESP 协调控制试验，包括 EPS 控制系统的设计、ESP 控制系统的设计、EPS 与 ESP 上层控制器的设计和实车试验。

本书的特色之处在于：

（1）考虑不熟练驾驶员由于对侧向力感知的缺乏而导致的误操作转矩的影响，介绍一种跟踪期望驾驶特性的汽车 EPS 控制策略。建立能够表征驾驶特性（熟练程度等）并考虑误操作转矩的驾驶员模型，与车辆组成人-车闭环系统。仿真及硬件在环试验结果表明，采用跟踪期望驾驶特性的汽车 EPS 控制策略，改善了汽车的操纵稳定性，减轻了驾驶员的转向负担，从而验证了该控制策略的有效性。

（2）针对传统的转向回正控制容易产生回正过度或回正不足的情况，介绍一种基于 ESP 功能补偿的汽车 EPS 回正控制策略。建立四轮车辆动力学模型，基于车载 EPS 传感器的信号，采用无迹卡尔曼滤波（Unscented Kalman Filter，UKF）方法在线实时估计路面附着系数和车辆的质心侧偏角。将估计到的质心侧偏角与期望的质心侧偏角的偏差作为输入，对车辆进行转向回正滑模控制。在 Carsim、Matlab/Simulink 及 LabVIEW 中对车辆不同工况下的转向回正性能进行仿真及硬件在环试验，仿真及试验结果表明，该回正控制策略能够有效地改善车辆的中心转向性能，使车辆具有良好的回正效果。

（3）汽车 EPS 与 ESP 对保证汽车具有良好的操纵稳定性和行驶安全性起到重要作用，对汽车 EPS/ESP 系统协调控制的必要性和汽车纵向、侧向动力学耦合特性进行了详细的论述。针对汽车运动时纵、侧向动力学上存在的耦合因素，在某些工况下两系统间可能存在冲突的问题，介绍一种基于汽车行驶安全边界的 EPS 与 ESP 协调控制策略。建立 EPS 动力学模型，通过 Luenberger 观测器估计回正力矩，由回正力矩信息估计路面附着系数。根据车辆动力学特性确定由质心侧偏角和横摆角速度组成的汽车行驶安全边界，根据确定的安全边界和转向盘转矩、横摆角速度等信息，基于带精英策略的非支配排序遗传算法（Non-dominated Sorting Genetic Algorithm，NSGA-II）优化 EPS 与 ESP 的动态协调控制因子，确保获得优化参数的全局最优解。仿真与试验结果表明，采用基于汽车行驶安全边界的 EPS 与 ESP 协调控制策略，改善了汽车的行驶稳定性，验证了该控制策略的有效性。

（4）设计 EPS 控制器、ESP 控制器和上层协调控制器，进行了硬件在环试验及不同工况下的实车试验，验证了控制策略的有效性和正确性。

本书的组织架构如图 1.8 所示。

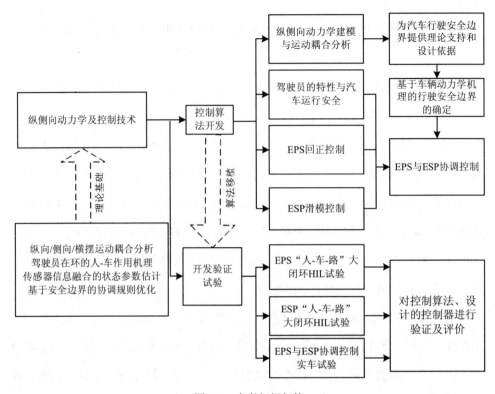

图 1.8　本书组织架构

1.4　本章小结

　　本章首先详细综述了 EPS、ESP 及 EPS/ESP 协调控制及其关键技术国内外的研究现状与进展，分析了其中仍存在的一些问题，介绍了本书的主要内容、特色之处和组织架构。

第 2 章　汽车系统动力学建模

2.1　引言

第 1 章介绍了汽车 EPS、ESP 协调控制及与其相关的关键技术的国内外研究现状，确定了本书主要的研究内容，核心是围绕着汽车动力学控制展开。要进行汽车动力学控制的研究，有必要先建立精确的汽车动力学模型。首先，建立二自由度车辆模型作为理想参考模型；其次，由于汽车 EPS/ESP 起作用时车辆往往处于比较复杂或危险的工况下，此时轮胎一般表现出很强的非线性。EPS/ESP 控制本质上都是直接或间接地控制轮胎力，故建立一个能够描述复杂工况的轮胎力学模型对汽车动力学控制及分析有重要作用。在综合分析现有各种轮胎模型特点的基础上，选用 Dugoff 轮胎模型，建立忽略垂向运动的七自由度非线性车辆动力学模型，为研究汽车动力学控制问题提供良好的基础和前提。再次，建立最优预瞄侧向加速度驾驶员模型，进行"人-车-路"闭环仿真。以奇瑞某型轿车作为试验车，通过相同工况下的仿真与试验结果的对比，验证所建立模型的精确度和正确性。

2.2　二自由度车辆模型

本书研究对象为 ESP 与 EPS 的协调控制及其关键技术，需要考虑到车辆的实际运动状态，可以通过传感器信号和相应估计算法来判断；另外还需要根据驾驶员对车辆的操作及车辆的状态信号，判断车辆的理想运动状态。虽然汽车运动是一个很复杂的非线性系统，但二自由度模型将车辆简化为一简单的线性模型，忽略了系统相互之间的影响，在路面附着系数较高，侧向加速度不超过 $0.4g$ 时，能够很好地对车辆转向时的状态进行描述，因此，以只考虑侧向运动和绕 Z 轴横摆运动的线性二自由度车辆模型作为理想参考模型，用根据二自由度模型计算出的量作为车辆运动状态的理想值。二自由度车辆模型的特点是，轮胎所受到的侧向力与其侧偏角成正比，即将轮胎模型做线性化处理。为了后续的研究，先建立二自由度车辆模型，示意图如图 2.1 所示。

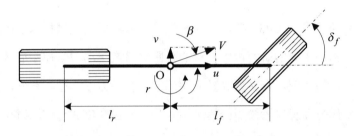

图 2.1　二自由度车辆模型

由图 2.1，车辆受到的沿 Y 轴方向的外力的合力与绕车辆质心的力矩分别为

$$\sum F_y = F_{yf} \cos \delta_f + F_{yr} \tag{2.1}$$

$$\sum M_z = F_{yf} l_f - F_{yr} l_r \tag{2.2}$$

由于 δ_f 较小时，轮胎侧向力与侧偏角成正比，即轮胎处于线性区域，则有

$$\sum F_y = C_f \alpha_f + C_r \alpha_r \tag{2.3}$$

$$\sum M_z = C_f \alpha_f l_f - C_r \alpha_r l_r \tag{2.4}$$

式中，C_f、C_r 分别表示车辆前、后轮侧偏刚度；α_f、α_r 分别表示车辆前、后轮的侧偏角。

根据图 2.1 中轮胎侧偏角与车辆质心侧偏角 β、横摆角速度 r 及质心至前后轴距离等参数的关系，结合牛顿第二定律对式（2.3）、式（2.4）进行进一步整理，得到线性二自由度车辆模型的动力学方程为

$$(C_f + C_r)\beta + \frac{1}{u}(C_f l_f - C_r l_r)r - k_f \delta_f = m(\dot{v} + ur) \qquad (2.5)$$

$$(C_f l_f - C_r l_r)\beta + \frac{1}{u}(C_f l_f^2 + C_r l_r^2)r - l_f C_f \delta_f = I_z \dot{r} \qquad (2.6)$$

式中，m 为整车质量；δ_f 为前轮转角；I_z 为整车绕 Z 轴的转动惯量；l_f、l_r 分别为整车质心至前后轴的距离；u、v 分别为汽车质心处的纵向、侧向速度；r 为横摆角速度。

计算出汽车的横摆角速度的期望值 r_d 和质心侧偏角的期望值 β_d 为

$$r_d = \frac{2(l_f + l_r)C_f C_r u}{2l_r(l_f + l_r)^2 C_f C_r - mu^2(l_f C_f - l_r C_r)}\delta_f \qquad (2.7)$$

$$\beta_d = \frac{2l_r(l_f + l_r)C_f C_r - mu^2 l_f C_f}{2(l_f + l_r)^2 C_f C_r - mu^2(l_f C_f - l_r C_r)}\delta_f \qquad (2.8)$$

2.3 七自由度车辆模型

当车辆侧向加速度超过 $0.4g$，轮胎进入非线性区域时，若继续用二自由度车辆模型不能够精确地描述车辆的运动状态；另外，ESP 主要是通过改变不同车轮受到的纵向力来改变车辆的运动状态，EPS 主要辅助驾驶员随动转向，调整车辆行驶方向和车辆所受侧向力。因此为简化模型，仅考虑车辆在纵向、侧向形成的水平面内的运动，而不考虑车辆垂向运动。建立的车辆七自由度模型包含车身三个方向的自由度和四个车轮的转动自由度。七自由度车辆模型如图 2.2 所示。

车身沿纵向运动的动力学方程为

$$m(\dot{u} - vr) = F_{xfl}\cos\delta_{fl} + F_{xfr}\cos\delta_{fr} + (F_{xrl} + F_{xrr}) - F_{yfl}\sin\delta_{fl} - F_{yfr}\sin\delta_{fr} \qquad (2.9)$$

车身绕 Z 轴横摆运动的动力学方程为

$$I_z\dot{r} = l_f(F_{yfl}\cos\delta_{fl} + F_{yfr}\cos\delta_{fr} + F_{xfl}\sin\delta_{fl} + F_{xfr}\sin\delta_{fr}) - l_r(F_{yrl} + F_{yrr})$$
$$+ \frac{d}{2}(F_{xfl}\cos\delta_{fl} - F_{yfl}\sin\delta_{fl} - F_{xfr}\cos\delta_{fr} + F_{yfr}\cos\delta_{fr} + F_{xrl} - F_{xrr}) \qquad (2.10)$$

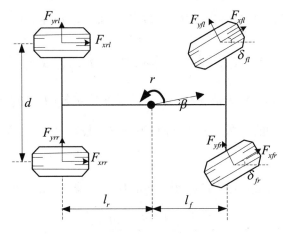

图 2.2　七自由度车辆模型

车身沿侧向运动的动力学方程为

$$m(\dot{v} + ur) = F_{xfl}\sin\delta_{fl} + F_{xfr}\sin\delta_{fr} + F_{yfl}\cos\delta_{fl} + F_{yfr}\cos\delta_{fr} + F_{yrl} + F_{yrr} \quad (2.11)$$

四轮的转动动力学方程为

$$J_w\dot{\omega}_{fl} = T_{dfl} - T_{bfl} - F_{xfl}r_{eff} \quad (2.12)$$

$$J_w\dot{\omega}_{fr} = T_{dfr} - T_{bfr} - F_{xfr}r_{eff} \quad (2.13)$$

$$J_w\dot{\omega}_{rl} = T_{drl} - T_{brl} - F_{xrl}r_{eff} \quad (2.14)$$

$$J_w\dot{\omega}_{rr} = T_{drr} - T_{brr} - F_{xrr}r_{eff} \quad (2.15)$$

式中，δ_{fl}、δ_{fr} 分别为左前轮、右前轮转角；d 为轮距；F_{xfl}、F_{xfr}、F_{xrl}、F_{xrr} 分别为左前、右前、左后和右后轮的纵向力；F_{yfl}、F_{yfr}、F_{yrl}、F_{yrr} 分别为左前、右前、左后和右后轮的侧向力；T_{dfl}、T_{dfr}、T_{drl}、T_{drr} 分别为左前、右前、左后和右后车轮的驱动转矩；T_{bfl}、T_{bfr}、T_{brl}、T_{brr} 分别为左前、右前、左后和右后车轮的制动转矩。

2.4　侧向–纵向联合轮胎模型

前后轮的侧偏角分别为

$$\alpha_f = \delta - \frac{v + l_f r}{u} \tag{2.16}$$

$$\alpha_r = -\frac{v - l_r r}{u} \tag{2.17}$$

四个车轮的纵向滑移率为

制动时，
$$\sigma_x = \frac{r_{eff}\omega_w - u}{u} \tag{2.18}$$

加速时，
$$\sigma_x = \frac{r_{eff}\omega_w - u}{r_{eff}\omega_w} \tag{2.19}$$

四个车轮的垂向载荷分别为

$$F_{zfl,fr} = mg\frac{l_r}{2(l_f + l_r)} - ma_x\frac{h}{l_f + l_r} \pm ma_y\frac{hl_r}{d(l_f + l_r)} \tag{2.20}$$

$$F_{zrl,rr} = mg\frac{l_f}{2(l_f + l_r)} + ma_x\frac{h}{l_f + l_r} \pm ma_y\frac{hl_f}{d(l_f + l_r)} \tag{2.21}$$

式中，h 为汽车质心高度；a_x、a_y 分别为汽车的纵向和侧向加速度。

轮胎模型采用 Dugoff 模型，轮胎的纵向力为

$$F_x = C_\sigma\frac{\sigma_x}{1 + \sigma_x}f(\zeta) \tag{2.22}$$

轮胎的侧向力为

$$F_y = C_\alpha\frac{\tan\alpha}{1 + \sigma_x}f(\zeta) \tag{2.23}$$

$$f(\zeta) = \begin{cases} (2-\zeta)\zeta & \zeta < 1 \\ 1 & \zeta \geqslant 1 \end{cases} \tag{2.24}$$

$f(\zeta)$ 为垂向力和侧偏角的非线性函数

$$\zeta = \frac{\mu F_z (1 + \sigma_x)}{2\sqrt{(C_\sigma \sigma_x)^2 + (C_\alpha \tan \alpha)^2}} \qquad (2.25)$$

式中，r_{eff} 为轮胎有效滚动半径；μ 为路面附着系数；F_x、F_y、F_z 分别为作用在车轮上的纵向力、侧向力、垂向力；σ_x 为纵向滑移率；C_σ 为轮胎的纵向刚度；C_α 为轮胎的侧偏刚度；α 为轮胎的侧偏角。基于 Matlab/Simulink 搭建的联合工况下轮胎力学仿真模型如图 2.3 所示。

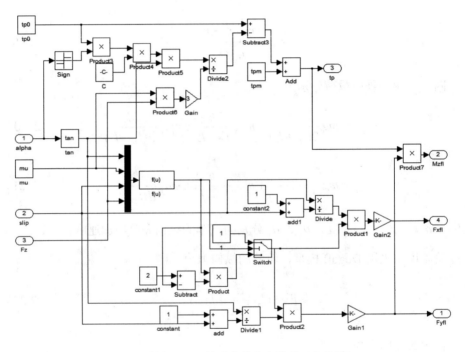

图 2.3　联合工况下轮胎力学仿真模型（左前轮）

分别设置轮胎的垂直载荷为 1.5kN、3kN、4.5kN 和 6kN，得到轮胎的纵向力、侧向力与滑移率的特性关系如图 2.4 所示。由图可见：

（1）轮胎的纵向力先随滑移率的增加而增大，当滑移率达到一定值后，纵向力逐渐减小并趋于平稳。

（2）轮胎的侧向力随纵向滑移率的增加而逐渐减小，当纵向滑移率趋于 1

时，轮胎的侧向力几乎为 0。联合工况下轮胎力学特性表现为轮胎纵向力和侧向力的紧密耦合联系，二者相互影响，因此在汽车动力学控制中要实施汽车纵向动力学与侧向动力学的集成控制，以充分利用有效的轮胎力。

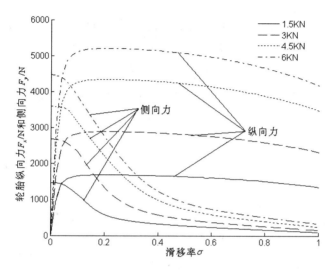

图 2.4　联合工况下轮胎力学特性曲线

2.5　驾驶员模型

驾驶员通过转向、制动、加速等对车辆进行控制，与车辆、道路构成一个相互耦合和影响的"人-车-路"闭环系统，有必要进行"人-车-路"闭环仿真。本研究采用最优预瞄侧向加速度驾驶员模型[121]，其原理如图 2.5 所示。

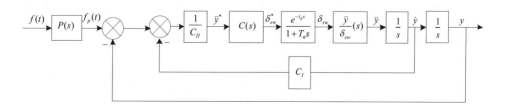

图 2.5　最优预瞄侧向加速度驾驶员模型原理

设 $f(t)$ 表示车辆在道路上行驶的理想轨迹，在当前时刻 t，定义车辆侧向位置、侧向速度、侧向加速度分别为 $y(t)$、$\dot{y}(t)$、$\ddot{y}(t)$。

经过 τ 时间后，车辆的侧向位置为

$$y(t+\tau) = y(t) + \tau \dot{y}(t) + \frac{\tau^2}{2} \ddot{y}(t) \tag{2.26}$$

驾驶员模型的本质在于力求使当汽车行驶到指定路径时的误差最小，这就要求驾驶员不是预瞄前方一点，而是预瞄前方的一段路程，驾驶员模型示意图如图 2.6 所示。

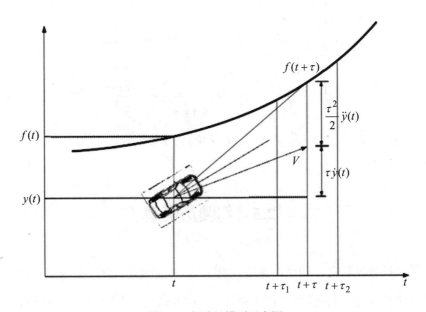

图 2.6　驾驶员模型示意图

故驾驶员模型问题可以转化为一个最优控制问题，即寻求最优的侧向加速度 $\ddot{y}^*(t)$，使得误差函数最小。目标函数为

$$J = \int_{\tau_1}^{\tau_2} \left[f(t+\tau) - y(t) - \tau \dot{y}(t) - \frac{\tau^2}{2} \ddot{y}(t) \right]^2 w(\tau)\mathrm{d}t \tag{2.27}$$

式中，$w(\tau)$ 为权函数。

令
$$\frac{\mathrm{d}J}{\mathrm{d}\ddot{y}} = 0 \tag{2.28}$$

$$\frac{\mathrm{d}J}{\mathrm{d}\ddot{y}} = \tau^2 \int_{\tau_1}^{\tau_2} \left[f(t+\tau) - y(t) - \tau \dot{y}(t) - \frac{\tau^2}{2}\ddot{y}(t) \right]^2 w(\tau)\mathrm{d}t = 0$$

展开得

$$\ddot{y}(t)\int_{\tau_1}^{\tau_2}\frac{\tau^4}{4}w(\tau)\mathrm{d}\tau = \int_{\tau_1}^{\tau_2}\frac{\tau^2}{2}f(t+\tau)w(\tau)\mathrm{d}\tau - y(t)\int_{\tau_1}^{\tau_2}\frac{\tau^2}{2}w(\tau)\mathrm{d}\tau - \dot{y}(t)\int_{\tau_1}^{\tau_2}\frac{\tau^3}{2}w(\tau)\mathrm{d}\tau \tag{2.29}$$

两端除以 $\int_{\tau_1}^{\tau_2}\frac{\tau^2}{2}w(\tau)\mathrm{d}\tau$，可得最优侧向加速度 $\ddot{y}^*(t)$ 和道路信息 $f_p(t)$、车辆侧

向位移 $y(t)$、车辆侧向速度 $\dot{y}(t)$ 的关系式。

$$C_{\ddot{y}}\ddot{y}(t) = f_e(t) - y(t) - C_{\dot{y}}\dot{y}(t) \tag{2.30}$$

其中，

$$\begin{cases} C_{\dot{y}} = \int_{\tau_1}^{\tau_2}\tau^3 w(\tau)\mathrm{d}\tau \bigg/ \int_{\tau_1}^{\tau_2}\tau^2 w(\tau)\mathrm{d}\tau \\[2mm] C_{\ddot{y}} = \int_{\tau_1}^{\tau_2}\frac{\tau^4}{4}w(\tau)\mathrm{d}\tau \bigg/ \int_{\tau_1}^{\tau_2}\tau^2 w(\tau)\mathrm{d}\tau \\[2mm] f_e(t) = \int_{\tau_1}^{\tau_2}\tau^2 w(\tau)f(t+\tau)\mathrm{d}\tau \bigg/ \int_{\tau_1}^{\tau_2}\tau^2 w(\tau)\mathrm{d}\tau \end{cases} \tag{2.31}$$

δ_{sw}^* 为理想的驾驶员转向盘转角，由于驾驶员转向角的实际值比理想值有一定

滞后，表示如下

$$\delta_{sw} = \frac{e^{-t_d s}}{1+T_h s}\delta_{sw}^* \tag{2.32}$$

式中，t_d 为神经反应滞后时间常数，T_h 为动作反应滞后时间常数。

实际操纵动作后的车辆响应为

$$\frac{\ddot{y}(s)}{\delta_{sw}} = G_{ay}\frac{1+T_{y1}s+T_{y2}s^2+\cdots}{1+T_{D1}s+T_{D2}s^2+\cdots} \tag{2.33}$$

式中，G_{ay} 为侧向加速度稳态增益。

$$G_{ay} = \frac{\ddot{y}(s)}{\delta_{sw}}\Big|_{s=0} = \frac{u^2}{Li(1+K_s u^2)} \tag{2.34}$$

式中，K_s 为不足转向梯度，L 为车辆轴距，i 为转向系统传动比。

$$K_s = \frac{m}{L^2}\left(\frac{l_f}{C_r} - \frac{l_r}{C_f}\right) \tag{2.35}$$

由预瞄-跟随系统（Preview-follow System）理论求出驾驶员的校正模块 $C(s)$

$$C(s) = \frac{1}{1+a\dfrac{P_3}{P_2}s}\frac{1+T_h s}{e^{-T_d s}}\frac{\delta_{sw}(s)}{\ddot{y}} \tag{2.36}$$

式中，P_2、P_3 为等效系数。

选取 a=0.5，即 2.5 阶跟随校正。

2.6 仿真分析与试验验证

根据 2.2 节的分析，基于 Matlab/Simulink 建立整车七自由度动力学模型，如图 2.7 所示。

仿真模型采用奇瑞某型轿车的主要参数，车辆部分主要参数如附录表 1 所示。

为验证所建立的仿真模型的准确性，选用蛇形试验（GB/T 6323.1—94）和双移线试验两种标准汽车操纵稳定性验证工况，车速为 60 km/h。试验数据来源于 2014 年 10 月份在 JAC 试验场进行的整车操纵稳定性试验。图 2.8、图 2.9 为车速 60km/h 的双移线侧向加速度、横摆角速度仿真结果与试验结果的对比。

图 2.10、图 2.11 为车速 60km/h 的蛇形侧向加速度、横摆角速度仿真结果与试验结果的对比。

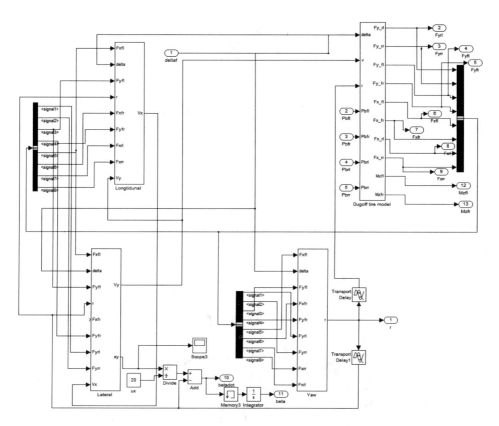

图 2.7 整车非线性动力学系统仿真模型

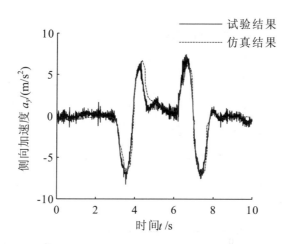

图 2.8 60km/h 双移线试验侧向加速度对比

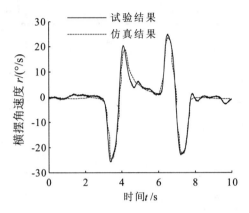

图 2.9　60km/h 双移线试验横摆角速度对比

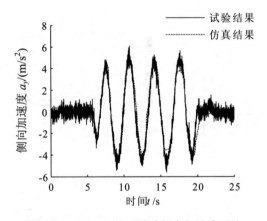

图 2.10　60km/h 蛇形试验侧向加速度对比

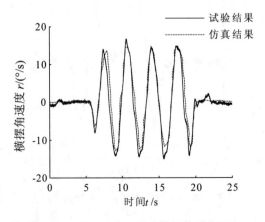

图 2.11　60km/h 蛇形试验横摆角速度对比

从图 2.8 至图 2.11 中可以看出，仿真结果与试验结果基本吻合，验证了所建立的车辆动力学仿真模型能够体现汽车的动力学特性。双移线和蛇行试验的侧向加速度超过 0.4g，车辆已处于非线性区，此时仿真结果与试验数据基本吻合，说明所建立的车辆模型能够描述汽车在非线性区的动力学特性。

2.7　本章小结

本章针对 ESP 与 EPS 协调控制及其关键技术研究的需要，建立了线性二自由度参考模型和七自由度整车模型，为车辆状态估计和运动分析奠定了基础。所建立的二自由度线性车辆动力学模型，是一种理想的轮胎模型，仅适用于轮胎侧偏角较小的情况。七自由度模型包含整车运动方程、侧偏角和滑移率计算方程、车轮动力学方程、侧向-纵向轮胎联合模型方程等。在 Matlab/Simulink 中分别建立二自由度、七自由度车辆动力学模型和最优预瞄侧向加速度驾驶员的仿真模型，对所建模型进行了仿真分析，并将仿真结果与同车型实车试验结果进行对比，验证了所建模型的精确度和正确性，为设计控制策略及分析控制效果提供了平台。

第 3 章　驾驶员的特性与汽车安全运行

3.1　前言

第 2 章建立了二自由度、七自由度车辆模型和最优预瞄侧向加速度驾驶员模型。建立驾驶员模型的目的在于与整车模型结合，进行动力学仿真。该模型为一常规、通用模型，未考虑驾驶员个体之间的差异，即不同驾驶特性的影响。

行车安全与驾驶员、车辆、道路等密切相关，而不同驾驶员个体之间的特性差异很大。转向系统是汽车底盘的重要组成部分，驾驶员直接操纵转向系统实现汽车的转弯行驶。前人的研究往往大多考虑了驾驶员与车辆之间的相互作用及影响，但考虑驾驶员个体差异影响的汽车 EPS 控制方面，尚未有深入研究。不熟练或驾驶水平中等的驾驶员，遇到急转弯等突发情况，往往会产生误操作转矩。建立能够表征驾驶特性（熟练程度等）并考虑误操作转矩的驾驶员模型，根据熟练程度和误操作转矩将驾驶员分为 A、B、C（熟练、一般、生手）三类，与车辆组成人-车闭环系统。给定的行驶路径作为驾驶员模型的输入，将转向盘转矩作为模型的输出。将 A 类驾驶员的输出转向盘转矩作为期望值，考虑不熟练驾驶员由于对侧向力感知的缺乏而导致的误操作转矩的影响，介绍一种考虑驾驶员个体差异的汽车 EPS 控制策略，跟踪期望驾驶特性，仿真及硬件在环试验结果表明，该控制策略减轻了驾驶员的转向负担，改善了汽车的操纵稳定性，从而验证了该控制策略的有效性。

3.2　驾驶员–车辆模型

3.2.1　人-车-路闭环系统

如图 3.1 所示，设车辆重心在 t 时刻的大地坐标系为 $(X(t), Y(t))$，在相对坐标系的位置为 $(x(t), y(t))$。在任意时刻的速度

$$\begin{cases} V_y = v\cos\varphi + u\sin\varphi \\ V_x = u\cos\varphi - v\sin\varphi \end{cases} \quad （3.1）$$

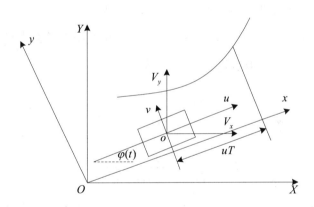

图 3.1　车辆在两坐标系下的位置

其中，$\varphi(t) = \int_0^t \gamma \mathrm{d}t$ 为车辆航向角，即汽车 x 轴与大地坐标系 X 轴之间的夹角。汽车在大地坐标系下的位置方程为

$$\begin{cases} X(t) = x(t)\cos\varphi(t) - y(t)\sin\varphi(t) \\ Y(t) = y(t)\cos\varphi(t) + x(t)\sin\varphi(t) \end{cases} \quad （3.2）$$

大地坐标系-相对坐标系的转换方程为

$$\begin{cases} x(t) = Y(t)\sin\varphi(t) + X(t)\cos\varphi(t) \\ y(t) = Y(t)\cos\varphi(t) - X(t)\sin\varphi(t) \end{cases} \quad （3.3）$$

式（3.2）与式（3.3）实现了"人-车-路"闭环系统的坐标转换。

3.2.2 驾驶员-车辆模型

驾驶员通过转向、油门踏板与制动踏板来操纵车辆，故驾驶员与车辆横向、纵向的运动之间关系密切。前人在研究车辆状态响应方面，往往忽略驾驶员个体操纵差异的影响。不同特性、不同熟练程度的驾驶员，其对车辆的操纵特性存在差异。不同特性和不同熟练程度的驾驶员在操纵车辆时，往往会导致不同的车辆响应。由于不同驾驶员之间驾驶行为差异很大，故有必要根据驾驶员行为特性，建立驾驶员模型，对车辆控制进行研究。将驾驶员看作一个控制器，则预瞄时间、反应迟滞时间均为此控制器的参数，主要评价指标为车辆响应和驾驶员转向负担等。通过 EPS 的控制来提高汽车的操纵稳定性，减轻不同类型驾驶员的操纵负担。

一定车速下，汽车的侧向加速度对转向盘转角的稳态增益为 G_{ay}，达到期望侧向加速度 a_y 应该施加的期望转向盘转角为[122]

$$\theta_h = \frac{a_y}{G_{ay}} \tag{3.4}$$

$$G_{ay} = \frac{u^2}{(l_f + l_r)N_s(1 + Ku^2)} \tag{3.5}$$

式中， N_s 为转向盘转角到车轮转角的角传动比，K 为汽车的稳定性因数。

车辆转向系统与驾驶员的肌肉系统，在前人的研究中往往做简化，由单纯的时间延迟或一阶滞后环节表示，运动时间的范围为 0.1～0.3s。然而，此简化往往用来描述小幅度的胳膊运动，用在车辆驾驶员转向控制模型方面并不精确，驾驶员为实现转向操纵作用在转向盘上的转矩与期望转向盘转角之间的动力学响应可以表述成以下二阶系统的形式[123]

$$G_1(s) = \frac{\theta_h(s)}{T_h(s)} = \frac{1}{(J_s + J_d)s^2 + (B_s + B_d)s + (k_s + k_d)} \tag{3.6}$$

式中， J_s、B_s、k_s 分别为转向系统的惯性、阻尼和刚度值，J_d、B_d、k_d 分别为驾驶员胳膊的惯性、阻尼和刚度值。

考虑驾驶员生理特性的实际转向盘转角应包含反应时间的滞后，用一个纯滞后环节表示为

$$T_h(s) = \frac{a_y}{G_{ay}G_1(s)} e^{-t_d s}$$

式中，t_d 表示神经反应滞后时间。

预瞄环节

$$f_e = f(t + T) \tag{3.7}$$

期望的侧向加速度

$$a_y = \frac{2}{T^2}(f_e - y - vT) \tag{3.8}$$

由于不熟练驾驶员尤其是"新手"在实际操作过程中，往往存在误操作转矩，建立的驾驶员模型考虑误操作转矩的影响用来模拟驾驶员的转向行为，建立如图 3.2 所示的控制系统。

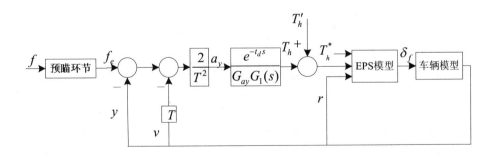

图 3.2　驾驶员-车辆相互作用关系

$T_h^*(s)$ 表示由熟练驾驶员模型计算出的期望转向盘转矩，$T_h'(s)$ 表示驾驶员的误操作转矩，驾驶员误操作转矩用 Matlab 中的 Signal Builder 来表示，如图 3.3 所示。

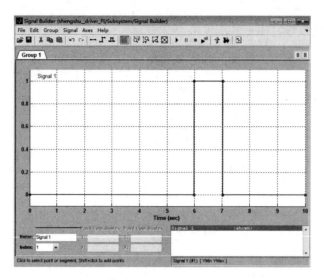

图 3.3　Signal Builder

综上所述，驾驶员通过预瞄道路轨迹的偏差与车辆反馈得到横向位置偏差，经过比例环节，先决策出期望的侧向加速度，再经过前馈校正环节和驾驶员为实现转向操纵所采用的反馈控制策略决策出转向盘转矩信号，与驾驶员误操作转矩叠加，最后与期望转向盘转矩 $T_h^*(s)$、汽车横摆角速度 r 作为 EPS 模型的输入，经转向执行机构输出前轮转角 δ_f 实现前轮转向。

3.3　EPS 控制算法设计

为了驾驶员驾驶的舒适性和减少轮胎磨损，在一般的稳定状态下，优先采用转向来实现车辆的稳定控制。驾驶员尤其是不熟练的驾驶员在紧急情况下容易产生误操作，此误操作的程度用驾驶员误操作转矩 $T_h'(s)$ 来表示。如转向过度，EPS 提供阻尼控制，或减小助力，防止驾驶员过多转向；转向不足时，提供助力。驾驶员模型的输入为期望道路轨迹与侧向位移及侧向速度与预瞄时间乘积的偏差，输出为转向盘转矩，此转向盘转矩与驾驶员误操作转矩叠加，车辆模型计算得到的横摆角速度、期望转向盘转矩作为 EPS 控制器的输入，经计算后输出前轮转角给车辆模型。

驾驶员通过手臂系统给转向盘施加转矩，此转矩经转向系统传递到前轮。转向过程中，由于转向系统本身存在摩擦、阻尼及轮胎的回正力矩的影响，转向系统会随着转向状态的变化反馈给驾驶员一个力矩。因此，驾驶员操纵转向盘的过程是一种动态的力矩交互过程。转向盘动力学方程为[124]

$$J_h\ddot{\theta}_h + C_h\dot{\theta}_h + k_s(\theta_h - \theta_c) = T_h \tag{3.9}$$

转向输出轴的方程为

$$J_p\ddot{\theta}_c + C_p\dot{\theta}_c + T_{sat} = N_1 T_a + k_s(\theta_h - \theta_c) \tag{3.10}$$

式中，θ_c 为输出轴转角；J_h、C_h 为转向管柱的转动惯量、阻尼系数；T_{sat} 为前轮的回正力矩；T_a 为电机的助力矩；N_1 为电机到转向轴的传动比；J_p 为转向轴的当量惯性矩；C_p 为转向轴的当量阻尼系数。

直流助力电机动力学方程为

$$J_m\ddot{\theta}_m + B_m\dot{\theta}_m = T_m - T_a \tag{3.11}$$

$$T_m = k_t i_m \tag{3.12}$$

$$L_m\frac{\mathrm{d}i_m}{\mathrm{d}t} + Ri_m + K_e\dot{\theta}_m = U \tag{3.13}$$

式中，J_m、B_m 为助力电机转向轴的惯性、阻尼；θ_m 为助力电机转向轴的转向角；T_m 为助力电机输出轴的转矩；k_t 为助力电机的力矩常数；i_m 为助力电机的电流值；R、L_m 为助力电机电气部件的电阻和电感值；K_e 为电机的反电动势常数；U 为电机电压。

车辆的实际横摆角速度从传感器信号中获取，并以此作为确定转向助力矩 T_m 的大小的依据。

$$\Delta T_h = (T_h + T_h') - T_h^* \tag{3.14}$$

$$T_m = k_p\Delta T_h + k_i\int\Delta T_h\mathrm{d}t + k_d\Delta\dot{T}_h - C(s)r \tag{3.15}$$

式中，k_p、k_i、k_d 为 PID 控制参数，$C(s)$ 为横摆角速度偏差的超前补偿器。

图 3.4 为 Simulink 仿真控制程序。

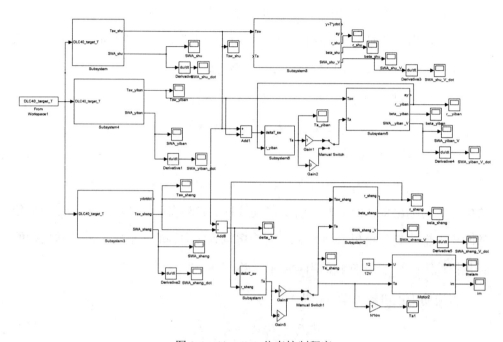

图 3.4　Simulink 仿真控制程序

3.4　双移线工况仿真分析

驾驶员模型的输入为不同的目标道路轨迹，驾驶员模型的输出为转向盘转矩，再将此转向盘转矩与驾驶员误操作转矩叠加后输入给 EPS 控制器，从而进行人-车闭环虚拟试验。为了验证提出的 EPS 控制策略的有效性，对人-车非线性车辆动力学模型进行车速为 40km/h 双移线工况下的仿真分析。双移线试验工况的目标路径如图 3.5 所示。

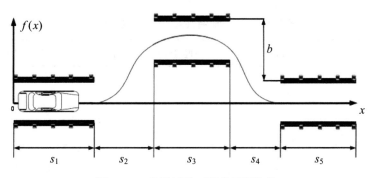

图 3.5　双移线试验工况的目标路径

x 轴表示纵向位移，侧向位移函数 $f(x)$ 为[125]

$$f(x) = \begin{cases} 0 & x \in s_1 \\ f_{11} + f_{12}x + f_{13}x^2 + f_{14}x^3 & x \in s_2 \\ b & x \in s_3 \\ f_{21} + f_{22}x + f_{23}x^2 + f_{24}x^3 & x \in s_4 \\ 0 & x \in s_5 \end{cases} \quad (3.16)$$

式中，
$$\begin{cases} f_{11} = bs_1^2(3s_1 + 2s_2)/s_2^3 \\ f_{12} = -6b(s_1s_2 + s_1^2)/s_2^3 \\ f_{13} = b(5s_1 + 3s_2)/s_2^3 \\ f_{14} = -2b/s_2^3 \end{cases} \quad (3.17)$$

$$\begin{cases} f_{21} = b(s_1 + s_2 + s_3)^2(2s_1 + 2s_2 + 2s_3 + 3s_4)/s_4^3 \\ f_{22} = -2b(s_1 + s_2 + s_3)[2s_1 + 2s_2 + 2s_3 + 3s_4 - 2(s_1 + s_2 + s_3)^2]/s_4^3 \\ f_{23} = b[2s_1 + 2s_2 + 2s_3 + 3s_4 + 4(s_1 + s_2 + s_3)^2]/s_4^3 \\ f_{24} = -2b/s_4^3 \end{cases} \quad (3.18)$$

$$s_1 = 59m, s_2 = 30m, s_3 = 25m, s_4 = 25m, s_5 = 96m, b = 3.5m$$

驾驶员的神经反应滞后时间和动作反应滞后时间与驾驶员的特性有关，受年龄、性别、个性、健康状况等的影响。一般而言，不熟练驾驶员反应时间较长，而熟练驾驶员的反应时间较短。仿真时不同熟练程度的驾驶员对应的模型参数见表 3.1。

表 3.1　不同驾驶特性对应的驾驶员模型参数

驾驶员	预瞄时间/s	神经反应滞后时间/s	误操作转矩/(N·m)
A	1.5	0.20	0
B	1.2	0.25	0.6
C	0.8	0.30	1.0

图 3.6 至图 3.8 分别为转向盘转矩、转向助力矩、横摆角速度响应。

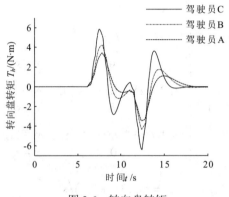

图 3.6　转向盘转矩

由图 3.6 可知，由于驾驶员 A 具有较短的神经反应滞后时间和较长的预瞄时间，在经过相同的路径时，相比驾驶员 B、C 而言，转向盘操纵转矩较小，即熟练驾驶员的转向轻便性较好。

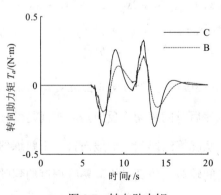

图 3.7　转向助力矩

由图 3.7 可知，采用跟踪期望驾驶特性的汽车 EPS 控制策略，助力电机分别提供给驾驶员 B、C 转向助力矩。且提供给驾驶员 B 的转向助力矩比提供给驾驶员 C 的小。在所设计的 EPS 控制策略中，EPS 助力电机提供的转向助力矩大小与驾驶员的熟练程度有关。

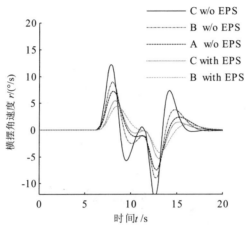

图 3.8　横摆角速度响应

由图 3.8 可知，驾驶员 A、B、C 在无 EPS 控制的情况下，横摆角速度依次增大；当驾驶员 B、C 在有 EPS 控制的情况下，横摆角速度变小，车辆稳定性变好。

由于人受到身体胳膊等生理条件的限制，转向能力在一定范围内，即最大转向角及转向角速度表征了人体的生理极限。驾驶员转向角及转向角速度越大，表明驾驶员在操纵转向盘的过程中，越接近生理极限，即转向负担越大。驾驶员转向角的大小与驾驶员的体力负担相关，而驾驶员转向角速度的大小与驾驶员的精神负担相关。用一定时间内转向角和转向角速度的平方的积分分别表示驾驶员的转向体力负担和精神负担。用以下公式来描述

驾驶员体力负担 J_1

$$J_1 = \int_0^t \theta_h^2 \mathrm{d}t \tag{3.19}$$

驾驶员精神负担 J_2

$$J_2 = \int_0^t \dot{\theta}_h^2 \mathrm{d}t \qquad (3.20)$$

图 3.9、图 3.10 分别为驾驶员 B、C 在有、无 EPS 控制情况下的转向体力、精神负担。

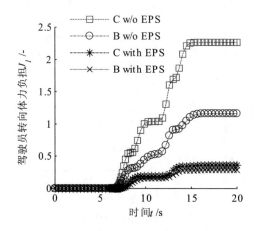

图 3.9　驾驶员转向体力负担

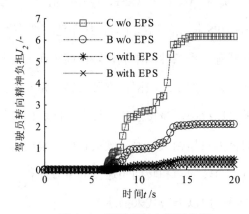

图 3.10　驾驶员转向精神负担

驾驶员 B 具有较大的预瞄时间，能够有效地减小转向负担。而驾驶员 C 增加了转向负担。研究结果表明，预瞄时间和反应时间能够显著影响车辆系统的动力学特性和驾驶员的转向负担。较小的反应时间和较大的预瞄时间，能够有效减轻驾驶员的转向负担。

驾驶员 A、B、C 的转向盘操作转矩峰值分别为 3.4 N·m、4.2 N·m、6.1 N·m；驾驶员 A 的转向盘操作转矩峰值较 B、C 分别减小了 19.05%、44.26%；表明相同行驶条件下，熟练驾驶员的转向盘操作转矩较小。驾驶员 B、C 的转向助力矩峰值分别为 0.26 N·m、0.37 N·m；驾驶员 B 的转向助力矩峰值较 C 减小了 29.23%；表明相同行驶条件下，不熟练驾驶员需要的转向助力矩较大。

仿真结果表明采用跟踪期望驾驶特性的汽车 EPS 控制策略具有好的控制效果，底盘系统能够获得更好的控制性能，减小了不熟练驾驶员的转向负担，并显著提高了车辆的操纵性和行驶稳定性。在相同的 EPS 控制策略下，较熟练的驾驶员能够有效减小转向负担，新手为了实现路径跟踪特性，需要更大的转向负担。该 EPS 控制策略能够减轻不熟练驾驶员的转向负担。

3.5　驾驶员紧急转向工况分析

3.5.1　驾驶员紧急转向行为特性

根据统计可知，在紧急避险交通事故中，驾驶员一般采取紧急控制转向盘进行操作。与驾驶员采取制动措施防止车辆纵向碰撞的过程相类似，驾驶员紧急转向过程中从发现危险到执行操作之间经历的过程称为驾驶员的反应时间，包括从感受器传到大脑所需要的时间、中枢神经系统判断所需的时间以及作出动作响应的时间。驾驶员应急转向的单纯反应时间，是其生理、心理特性的综合体现，可以代表应急状态下驾驶员适宜性的特征。驾驶员驾驶风格等能显著影响驾驶员反应能力，驾驶者的年龄对驾驶员的反应时间也有很大影响，而车速等对驾驶员反应时间无明显影响。驾驶员在紧急转向过程中产生的方向盘最大转向角速度反应了驾驶员转向的急切程度。驾驶员若发现车辆即将发生偏离车道而没有急切地操纵方向盘，则说明驾驶员完全有能力制止车辆偏离道路，车辆未偏出车道太多。若驾驶员发现车辆偏离车道并反应迅速，以较大的方向盘转向速度纠正车辆行驶路线才避免车轮压越车道线，则说明车辆横向运动趋近于危险边缘使得驾驶员转向急切程度增大。此时若再满足下列条件之一则可推断驾驶员无法阻止车辆偏离目标车道（或车轮压越当前车道车道线）：

（1）驾驶员从意识到车道偏离到开始纠正方向盘的间隔时间变长（反应变慢）。

（2）驾驶员所能操纵的方向盘最大角速度变小（驾驶技能变差）。

（3）车辆纵向车速增加（TLC 减小）。

（4）道路弯曲度增加（TLC 减小）。

（5）车辆相对车道中心的侧向距离偏差和方位偏差增加（TLC 减小）。

第一和第二条反映的是驾驶员避免车道偏离事故的能力，而后面三条则反映的是车辆行驶过程中相对道路位置的相关运动参数。若驾驶员的反应能力足够快，则即使驾驶员所能操纵的方向盘最大角速度较小，车辆也能及时回位目标车道。当驾驶员的反应时间较长但其能操纵的方向盘最大角速度较大，则此时驾驶员也能及时纠正车辆跑偏车道。因此，上述第二条驾驶员所能操纵方向盘最大角速度可归一化到驾驶员的反应时间上，即将车道偏离时驾驶员的驾驶技能反应到反应时间上。从而可将方向盘最大角速度设为固定值，通过设置不同的驾驶员反应时间、纵向车速、车辆相对位置及道路曲率来对驾驶员纠正车道偏离过程进行分析。

根据第 4 章中的驾驶员最优预瞄曲率模型分析可知，驾驶员预瞄距离越小则车辆达到目标位置的时间越短，此时方向盘的最大转动角速度也越大。因此，驾驶员紧急转向时预瞄距离较小以尽快避免车轮压越车道线使车辆迅速回到车道中央，作用于方向盘的角速度也相应增大。

3.5.2 紧急转向时的车辆运动轨迹

根据以上分析，结合车辆瞬态横摆响应试验中的转向盘转动角速度值，这里设定驾驶员紧急转向时的方向盘最大转向角速度为 300°/s。基于驾驶员模型对车辆的紧急转向过程进行仿真。为了使得方向盘最大转向角速度达到设定值，需要反向推算出预瞄距离的大小。驾驶员期望的侧向加速度根据预瞄点相对车辆的横向位置偏差及车辆车速计算得到，而车辆侧向加速度对转向盘转角的传递函数可近似由一阶线性系统式得到。图 3.11 为紧急转向时的车辆运动轨迹。

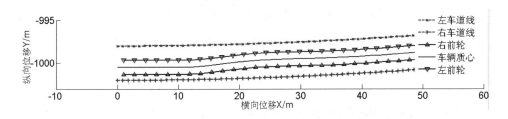

图 3.11　紧急转向时的车辆运动轨迹

显然，当驾驶员的反应时间、车辆行进速度、车辆初始偏离车道位置以及车道曲率各不相同时，驾驶员发现危险并紧急转向时的车辆运动轨迹并不完全相同，驾驶员有可能无法阻止车辆驶离目标车道。下面分析不同驾驶员反应时间、车速、车路初始位置及不同的车道曲率对驾驶员紧急转向时车辆运行轨迹的影响。预瞄距离的选择由上述方法得到，从而使得驾驶员转动方向盘最大角速度与设定值一致。

3.5.3 纵向车速与车辆运动位置的关系

车辆横向运动的安全状态判断必须考虑纵向车速的影响，车速越高则车辆单位时间内行驶的距离越远，若车辆与道路存在方向偏差则车轮达到车道线的时间越短，驾驶员纠正车辆偏离车道的可用时间越少，车辆横向运动也越趋近于不安全状态。图 3.12 为车道偏离时不同纵向车速下驾驶员模型纠正车辆行驶轨迹的对比。

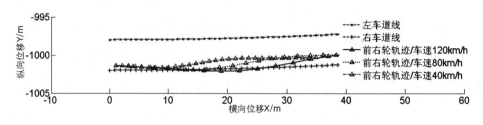

图 3.12　不同纵向车速时的车辆前右轮运动轨迹

从图 3.12 可以看出，随着车速的提高，驾驶员逐渐丧失阻止车辆驶离车道的能力，即随着车速的增加，车辆偏离车道的可能性增加，因而车辆横向运动安全性的决策判断必须考虑车速的影响。

3.5.4　车辆道路位置与车辆运行轨迹的关系

车路初始位置是车辆横向运动安全状态决策的重要参数之一，车辆偏离车道中心越大则车辆横向运动越趋近于不安全状态，即驾驶员越不能制止车辆驶离当前车道。图 3.13 为不同的车路横向距离初始偏差时驾驶员纠正车辆过程中前右轮运动轨迹，图 3.14 为不同的方位初始偏差时驾驶员纠正车辆过程中前右轮运动轨迹。

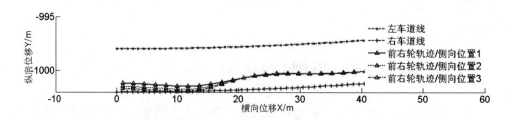

图 3.13　不同侧向位置时的车辆前右轮运动轨迹

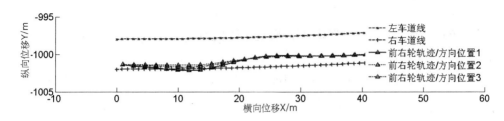

图 3.14　不同方向位置时的车辆前右轮运动轨迹

从图 3.13 和图 3.14 可知，随着车轮与车道线的侧向距离的减少及航向角偏离于车道方向，驾驶员逐渐丧失阻止车辆驶离车道的能力，即车辆横向运动趋近于不安全状态。

3.5.5　驾驶员反应时间与车辆运动轨迹的关系

由于受到年龄、驾驶经验等因素的影响，不同驾驶员的反应时间存在差异，这就要求车辆横向运动安全状态的判断需要考虑驾驶员不同反应时间的特点。图 3.15 为车道偏离时不同反应时间的驾驶员纠正车辆前轮行驶轨迹对比。

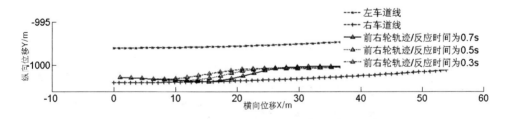

图 3.15　不同驾驶员反应时间时的车辆前右轮运动轨迹

可以看出，反应时间为 0.7s 的驾驶员发现危险并纠正车辆行驶时右前轮已压越右车道线。而反应时间为 0.3s 的驾驶员能够最先使得车辆回到车道中央行驶。从而也说明，此时的车辆初始状态和车路相对位置对于反应时间为 0.3s 的驾驶员是较为安全的，而对于反应时间为 0.7s 的驾驶员是不安全的。

3.5.6　相同 TLC 时的车辆紧急转向运行轨迹

由于采用 TLC 方法的车辆横向运动安全决策方法是通过预测车轮压越车道线的时间来实现的，因此只要预测的时间到达阈值则会判断车辆横向运动处于不安全状态，需要对驾驶员进行提醒。预测时间相同时车辆的状态及相对道路的位置不一定完全相同，而不同的车辆相对位置时驾驶员紧急转向产生的车轮与车道线相对位置会存在差异，也即相同的 TLC 而不同的车辆位置时车辆偏离车道危险程度不一定完全相同。图 3.16 为车辆初始位置不同而 TLC 均为 1s 时的车辆道路偏离轨迹。图 3.17 为驾驶员意识到危险后紧急转向纠正车辆行驶时的前右车辆的运动轨迹。

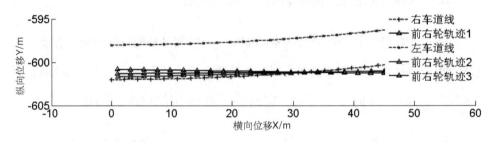

图 3.16　初始位置不同而 TLC 相同时的车辆偏离车轮轨迹

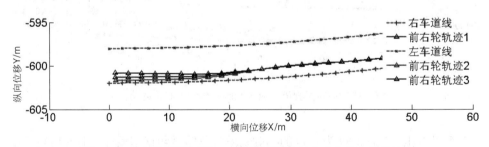

图 3.17　初始位置不同而 TLC 相同时紧急转向产生的车轮轨迹

从图 3.16 可以看出即便 TLC 相同，相对于前右轮轨迹 2，前右轮轨迹 3 的车辆横向运动安全状态要高，也即如果此时的 TLC 对于车轮运行轨迹 2 是合适的，但是对于车轮轨迹 3 则显得有些早，反映到驾驶员上则会使其觉得系统过于提前判断车辆横向运动处于不安全状态，从而使驾驶员对辅助系统失去信任，即采用 TLC 方法进行车辆横向运动安全判断会存在误判的问题。

3.5.7　道路曲率与车辆运动位置的关系

道路弯曲度越大，车辆航向与前方车道线的交点处距离车辆越近，驾驶员意识到车道偏离危险后剩余纠正车辆偏航的时间越少，车辆横向运动状态也越趋近于不安全状态。不同道路曲率下驾驶员意识到车道偏离危险纠正车辆行驶的轨迹如图 3.18（a）至（c）所示。

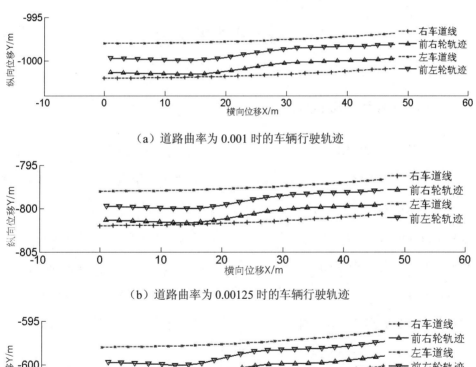

（a）道路曲率为 0.001 时的车辆行驶轨迹

（b）道路曲率为 0.00125 时的车辆行驶轨迹

（c）道路曲率为 0.00167 时的车辆行驶轨迹

图 3.18　不同道路曲率时的驾驶员纠正车辆行驶轨迹

从图 3.18 可以看出，随着道路曲率的增大，相同车辆道路初始相对位置下车辆的横向运动趋近于不安全状态，驾驶员的紧急转向也难以阻止车辆偏离目标车道。

综上所述，车辆横向运动安全状态的判断和决策，必须要考虑到驾驶员反应时间的差异性、车辆相对道路位置、车辆状态的不同及道路曲率等闭环系统多方面参数的影响。通过对驾驶员紧急转向时车辆能否偏离目标车道进行分析，确立相应的车辆横向运动闭环系统处于不安全状态下的系统参数分布区间，将会对车辆横向运动安全状态进行更为准确的判断。

3.6　EPS 硬件在环试验

3.6.1　试验台结构及功能介绍

针对传统的转向阻力矩计算方法存在不精确的问题，搭建七自由度非线性车辆模型及包含轮胎侧向力、垂直载荷产生的回正力矩、轮胎与路面间的摩擦阻力矩及转向系统本身的阻力矩在内的转向阻力矩模型。选用 NI PXI-8196 控制器，采用 Real-time 和 PID 工具包对液压伺服系统实现闭环控制，从而精确地实时模拟转向或回正情况下的转向阻力矩。可以采用步进电机或圆形手轮带动转向轴转动，步进电机通过控制电脉冲的数量来控制角位移，通过改变脉冲频率来控制转速，实现精确定位和调速，从而能够准确地模拟转向轻便性与回正性国标试验，有助于高效安全地进行 EPS 试验及系统开发。

试验系统主要的软件为基于 LabVIEW 编写的程序。NI 公司的图形化编程软件 LabVIEW 是一个工业标准的图形化开发环境，结合图形化编程方式，简洁快速地实现数据采集和仪器编程。LabVIEW 有很多函数和控件，用来帮助用户对系统进行分析和设计简洁、美观的界面。针对系统级的数据采集应用，NI 提供了

PXI、CompactDAQ 及 CompactRIO 三大平台。PXI 提供了一个基于 PC 的模块化平台。插入 PXI 控制器，使 PXI 系统具备强大的处理能力。其余的槽可插入多块 PXI 数采卡，满足多通道、多测量类型的需求[126]。试验系统组成和结构如图 3.19 所示。

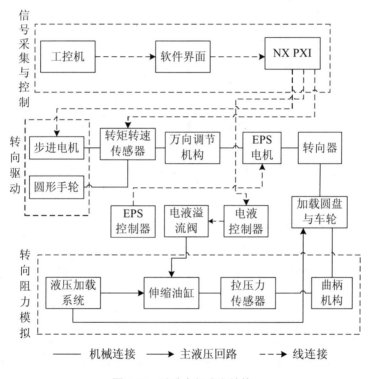

图 3.19 试验台组成和结构

NI PXI-8196 实时控制器是用于 PXI 的 2.0 GHz Pentium M760 嵌入式控制器，能够满足复杂车辆动力学系统的实时运算需要。作为下位机 NI PXI-8196 与 I/O 内置于 PXI 机箱中，为 EPS HIL 试验构建一个高性能的实时平台。控制系统的软件采用 LabVIEW 和 Real-time 工具包，并利用 PID 工具包对电液溢流阀实现闭环控制。信号采集与控制子系统软件的功能如图 3.20 所示。PXI-8196 控制器上下位机通信软件的开发包括上位机的 Host 程序和下位机的 Interface 程序，它们主要以数据簇的形式实现 PXI-8196 控制器和上位机之间的数据传输，PID 程序运行在 PXI-8196 控制器中。

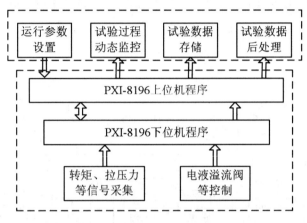

图 3.20   信号采集与控制子系统软件功能框图

3.6.2   EPS 转向国标试验

根据转向轻便性国标试验时的转向盘转角与转速变化规律，设定步进电机的转速和转向并带动转向轴旋转，同时采集转角和转矩信号，并将转角转矩存储到 Excel 表格，通过 Read from spreadsheet file.vi 读取表格中的数据，数据由"创建 XY 图模块"以曲线的形式显示出来。转向轻便性试验流程如图 3.21 所示。

进行转向回正性试验时，拆下步进电机，装上圆形手轮。转动此手轮，车辆模型接收到转角信号实时运行在 PXI-8196 控制器中，按照 GB/T6323－2014《汽车操纵稳定性试验方法》要求，当车辆达到一定的侧向加速度时，松开手轮。转向回正性试验流程如图 3.22 所示。

在搭建的 EPS 硬件在环试验台上，分别进行原地转向、转向轻便性及回正性国标试验。按照上述步骤进行原地转向轻便性试验，将数据导入到 Matlab 中得到如图 3.23 所示图形。

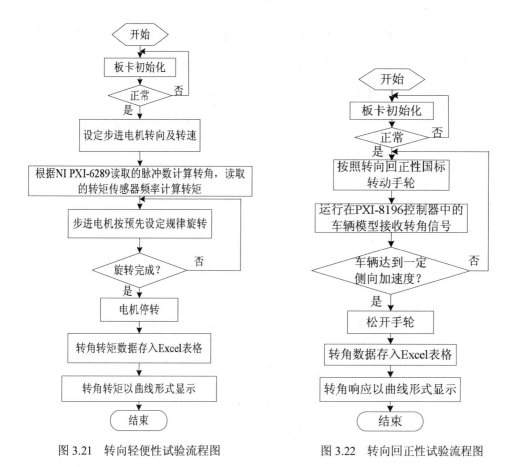

图 3.21　转向轻便性试验流程图　　　　图 3.22　转向回正性试验流程图

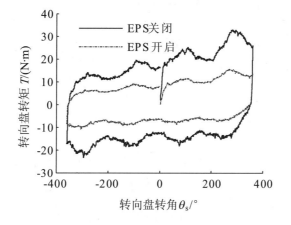

图 3.23　原地转向轻便性试验

由图 3.23 可见，当 EPS 关闭时，原地转向时的转向盘转矩最大值为 32.03 N·m，当 EPS 开启时，转矩最大值为 15.26 N·m。

图 3.24 为车速为 10km/h 时，在试验台上模拟的转向轻便性国标试验与实车试验结果的对比。图（a）（b）分别为 EPS 关闭和开启时试验台试验与实车试验的对比。

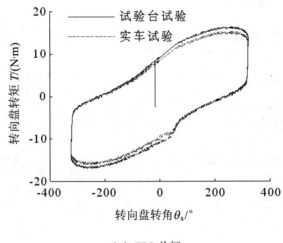

（a）EPS 关闭

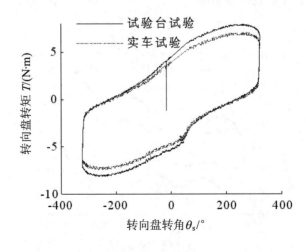

（b）EPS 开启

图 3.24 转向轻便性国标试验

由图 3.24 可见，当 EPS 关闭时，试验台试验转向盘转矩最大值为 16.47 N·m，实车试验时为 15.81 N·m；当 EPS 开启时，试验台试验转向盘转矩最大值为 7.86 N·m，实车试验时为 7.48 N·m。由此可见，当 EPS 关闭和开启时，试验台与实车试验所得到的转向盘转矩最大值吻合，转向盘转角与转矩的变化趋势一致。

图 3.25（a）（b）分别为车速为 28km/h、100km/h 时，在试验台上模拟的转向回正性国标试验与实车试验结果的对比。

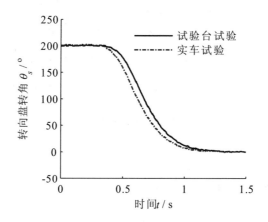

（a）低速回正转向盘转角响应

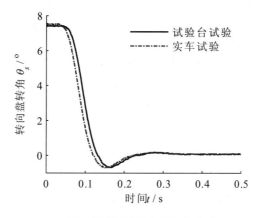

（b）高速回正转向盘转角响应

图 3.25　转向回正性国标试验

图 3.25（a）中实线为硬件在环试验低速回正试验时的转向盘转角响应，稳定时间为 1.25s；虚线为实车试验时的转向盘转角响应，稳定时间为 1.18s。图 3.25（b）中硬件在环试验高速回正试验时转向盘转角响应的稳定时间为 0.28s；实车时转向盘转角响应的稳定时间为 0.27s。当低速和高速时，硬件在环试验与实车试验所得到的转向盘转角响应时间吻合，转向盘转角变化规律一致。

试验结果表明，进行原地、转向轻便性及回正性国标试验，与实车试验得到的结果变化趋势基本一致，取得了良好的试验效果，从而验证了所建立的 EPS 硬件在环试验系统的有效性。与实车试验对比，EPS 关闭和开启时转向轻便性国标试验转向盘转矩最大值的误差分别为 4.01%、4.83%，转向盘转角、转矩变化规律一致；低速和高速转向回正国标试验时，转向盘响应时间误差分别为 5.60%、3.57%，转向盘转角变化趋势一致。从而验证了 EPS 硬件在环试验系统的有效性，基于此，为系统开发提供了有效手段，具有重要的应用价值。

3.6.3　EPS 硬件在环试验

硬件在环（HIL）试验是一种能够将软件与执行器等实际硬件连接到系统回路中的试验方式，在试验条件下发现并解决问题，从而提高开发效率。正由于这样的优点，近年来硬件在环试验已经成为国内外汽车工程师研究的热点，并且在车辆先进电子控制系统开发中、在快速控制原型设计和测试中逐渐得到广泛的应用。国内外已将硬件在环技术应用于汽车防抱制动系统、车辆稳定性控制系统、燃油喷射控制系统的开发。它为解决汽车控制系统的设计、试验、性能优化等各方面问题提供了一种崭新的仿真分析技术，为汽车控制技术快速、经济、高效的发展提供了强大的支撑平台。

使用传统的汽车电子控制系统开发流程，开发周期长，效率低，而且容易出错，不能满足当前对汽车电子控制系统开发的快速、稳定性要求。而硬件在环试验利用计算机辅助设计工具（比如 LabVIEW）自动将控制方案框图转换为代码并自动下载到硬件开发平台，通过各种硬件 I/O 接口控制真实被控对象，实现对硬件对象的实时控制。之后便可以进行各种调试与验证，缩短了算法设计的周期，将错误及不当之处消除于设计初期，使设计修改费用减至最小。在最终产品硬件投产之前，还可以仔细研究诸如离散化及采样频率等影响、算法的性能等方面问题，并随时修改，提高了试验设计和开发的效率。

目前，硬件在环系统有：德国 ETAS 公司的硬件在环仿真系统 LabCar，采用的是基于 Transputer 的 VME 总线结构；dSPACE 硬件在环仿真系统，它是由 dSPACE 公司开发的一套基于 MATLAB/Simulink 的控制系统开发及测试的工作平台，实现了和 MATLAB/Simulink 的完全无缝连接；ADI 公司的实时动态工作站 ADRTS，它是一个基于 VME 总线的分布式处理器仿真系统；还有美国 NI 公司的基于 LabVIEW 软件及相关硬件设备的硬件在环实时仿真系统。

数据采集卡应用程序编程接口 API，通过配置 CFN（Call Library Function Node）来调用.dll 文件，此调用过程全部编译为子 VI 的形式，调用的子 VI 将直接在用户线程中运行，即可对硬件完成相关操作。

试验台板卡的动态链接库程序默认安装路径为系统盘 Windows 的 system32 文件夹，用动态加载的方式将子 VI 加载到程序中，连接的函数中包括卡的操作句柄、选择通道、工作模式、入口参数、出口数据等。编写程序中用到的子 VI 有：AC6644_OpenDevice 、 Th702_SetInterver 、 AC1080_OutputIOData_VB 、 AC6644_CRead 和 Th702_GetFrequencyOne 等。首先进行板卡设备的初始化，利用函数 AC6644_CStart 设置计数器初始化数值和工作模式后，溢出标志位自动清零并开始减法计数，同时内部 24 位定时器开始清零，并在第一个有效输入脉冲沿到来时开始加法计数。

编码器的脉冲数为 1000p/r，利用其测量转向轴转角的大小。AC6644 板卡具有 24 位分辨率计数器，其内部时钟为 10MHz，精度为 0.05%，分辨率为 0.1μs，转向盘转角采用 AC6644 采集，AC6644_CRead()函数读取光电编码器输出的信

号，根据函数的返回值与实际角度值之间的关系测量转角大小。读取编码器的输出信号，实际的角度值为

$$\theta_h = \frac{(cdata - data0) \times 360}{1000} \tag{3.21}$$

式中，$cdata$ 为函数返回值；$data0$ 为计数器初始化值。

获得转矩传感器输出脉冲信号的频率，传感器输出转矩与脉冲信号频率的关系满足式

$$M_p = \frac{M_e(f - f_0)}{(f_p - f_0)} \tag{3.22}$$

$$M_r = -\frac{M_e(f - f_0)}{(f_r - f_0)} \tag{3.23}$$

式中，M_p 为正向转矩（N·m）；M_e 为满量程转矩；f 为实测转矩输出频率（kHz）；f_0 为零点频率；f_p 为正向满刻度频率；M_r 为反向转矩；f_r 为反向满刻度频率。

试验过程中，对转向轴转角和转矩进行同步采集，使用移位寄存器将值从上一循环传递到下一个循环。将采集到的转角和转矩用 Write to spreadsheet file.vi 创建为二维数组保存到 Excel 表格中。程序结束时，清除所有的端口值，并关闭 PCI/ISA 设备。

用 3 名不同驾龄的驾驶员，对提出的控制算法进行硬件在环试验验证。图 3.26、图 3.27 分别为转向盘转矩、转向助力矩。

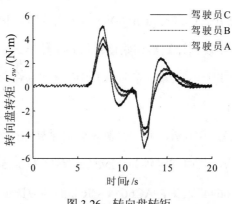

图 3.26　转向盘转矩

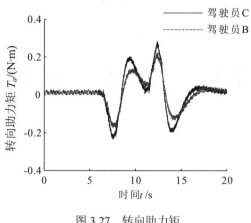

图 3.27　转向助力矩

　　由图 3.26、图 3.27 可知，硬件在环试验结果表明，考虑驾驶员个体差异的汽车 EPS 控制策略，减轻了不熟练驾驶员的转向负担，保证汽车的行驶稳定性。

3.7　本章小结

　　在深入分析汽车动力学特性与驾驶行为特性的基础上，介绍了一种考虑驾驶员个体差异的汽车 EPS 控制方法，保证汽车的行驶稳定性，减轻了不熟练驾驶员的驾驶转向负担。仿真及硬件在环试验结果验证了所设计的控制策略的稳定性和有效性，提高了汽车的行驶稳定性。

第4章　EPS回正控制技术

4.1　引言

第3章考虑驾驶员特性，对车辆进行 EPS 控制，减轻了驾驶员的转向负担，实现了汽车的转向轻便性。然而，转向回正性是汽车操纵稳定性的一项重要评价指标，EPS 回正控制一直是国内外研究的热点问题之一[127]。近年来，国内外有关学者根据转向盘转角和转向盘角速度状态来判断车辆的回正状态。大多以转向盘转角、转矩、前轮回正力矩作为转向回正控制的参考输入。转向回正控制是通过 EPS 电机提供合适的助力，与驾驶员的操作动作共同起作用，使汽车稳定快速地进入理想的运动状态。质心侧偏角是描述汽车运动状态的重要参数，如果能在汽车回正过程中，实时监测质心侧偏角的大小，并与其理想值进行比较，将二者的差值作为电机提供回正力矩的一个参考量，将对提高汽车的操纵稳定性起到积极作用。质心侧偏角的值无法由现有车载传感器直接测量，而近年来 ESP 的装车应用为解决这一问题提供了一条途径。

本章针对传统的 EPS 转向回正控制容易产生回正过度或不足的问题，介绍一种基于 ESP 功能补偿的汽车 EPS 回正控制策略。基于车载 ESP 传感器的信号，采用 UKF 滤波方法在线实时估计质心侧偏角和路面附着系数。将估计到的质心侧偏角与其期望值的偏差作为控制的输入，对车辆进行转向回正滑模控制。并在 Carsim、Matlab/Simulink 及 LabVIEW 中对车辆进行不同工况下的仿真及硬件在环试验。

4.2　汽车自回正转矩分析

我国国标对汽车转向系统基本要求规定：汽车转向车轮应有自动回正能力，以保持汽车稳定的直线行驶。汽车在没有助力转向回正控制时就有自回正转矩，这种回正转矩受到主销后倾角、主销内倾角以及侧偏力等参数影响。在纯机械转向机构中，这些定位参数决定的回正力矩负责汽车回正，通过分析自回正转矩可以为电动助力转向的回正触发规则和回正控制策略提供参考依据。

1. 主销后倾角

如图 4.1 所示，在汽车纵向平面内汽车转向桥主销上端后倾一个 γ 角，该角称为主销后倾角。主销后倾角的作用是在汽车行驶中产生回正力矩从而保证汽车行驶稳定性。

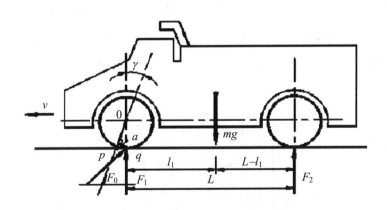

图 4.1　主销后倾角以及回正力矩形成示意图

主销延长线与地平面的交点为 p 点，轮胎与地平面交点为 q 点，p 点位于 q 点前面。当车轮向右转向时，为了提供与离心力相平衡的力，地面对 q 点有向右方向的力 F_Y，F_Y 作用在车轮上产生一个绕主销的力矩，该力矩为与车轮转向方向相反的回转力矩，记为 M_γ。

$$M_\gamma = F_Y d \tag{4.1}$$

$$d = r \sin \gamma \cos \theta_w \tag{4.2}$$

式中，d 为 b 点至主销轴线的距离；θ_w 为前轮转角。

在正方向中，由于 $0 \leqslant \theta_w < \dfrac{\pi}{2}$，所以 $d \neq 0$，回转力矩始终存在。当汽车转向后司机撒手时，回转力矩 M_γ 一部分克服转向系的摩擦和惯性，另一部分转化为回正力矩 $M_{\gamma 2}$。

$$F_Y = \frac{F_1 v^2}{gR} \tag{4.3}$$

$$M_{\gamma 2} = n_2 F_Y d \tag{4.4}$$

由式（4.3）和式（4.4）可知，主销后倾角、车轮半径和车速越大，由后倾角产生的回正力矩则越大。

2. 主销内倾角

如图 4.2 所示，在横向平面内，汽车转向桥主销上端向内倾斜一个 β 角，称为主销内倾角，其主要作用与主销后倾角同样，也是产生回正力矩保证汽车行驶的稳定性。

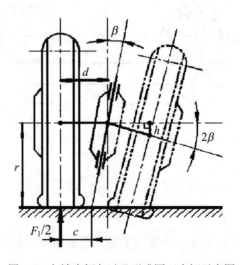

图 4.2　主销内倾角以及形成回正力矩示意图

转向时转向轮绕着主销转动，由于内倾角的存在汽车前轴部分被抬起，即在外力作用下通过转向系增加了汽车的势能。当撤销外力（转向力）后由于汽车自身的重力作用势能转化为动能形成回转力矩 M_β，回转力矩克服转向系摩擦及惯性后剩余的力矩形成回正力矩，经过逆传动效率 n_2 的机械转向系统后作为回正力矩 $M_{\beta 2}$ 作用在方向盘上。图 4.2 展示了当转向轮转动 180° 情况下的示意图，虚线部分为转向后的情况。由图可知汽车在转向时被抬高的高度为

$$h = d \sin 2\beta \tag{4.5}$$

因此，通过转向给汽车整个前部增加的势能为 $F_1 h$。当方向盘不再输入力矩时，该势能做功，产生的回正力矩为

$$M_{\beta 2} = n_2 \frac{\theta_w}{180} F_1 h \tag{4.6}$$

如式（4.6）所示，内倾角产生的回正力矩与前轮转角、转向节臂以及内倾角有关。

3. 侧偏力

当车轮有侧向弹性时，在侧向力作用下车轮行驶方向偏离车轮平面 cc，这就是侧偏现象。且车轮滚动的印迹中心线 aa 不只是和车轮平面 cc 错开一定距离，而是形成一个夹角 α，该夹角即为侧偏角，如图 4.3 所示。

车轮在静止的情况下受到侧向力后，车轮接地印迹轴线 aa 与车轮平面 cc 平行，两者相互错开 Δh 距离。此时可以认为地面对车轮的侧向作用力沿 aa 线均匀分布，合力作用在车轮接地印迹中心处，受力情况如图 4.4（a）所示。而当车轮滚动时，受力情况如图 4.4（b）所示。

车轮印迹长轴线 aa 与车轮平面 cc 之间存在侧偏角 α，且印迹前端离车轮平面较印迹后端离车轮平面近，所以前端侧向力较后端小，两者的合力就是侧偏力 F_Y，依据受力分析可知其作用点必然在车轮接地印迹几何中心后方，偏移了轮胎拖距 e。通过逆传动效率 n_2 的机械转向系统后

$$M_{\alpha 2} = n_2 F_Y e \tag{4.7}$$

由式（4.7）可知，侧偏角产生的回正力矩与侧向力和轮胎拖距有关。

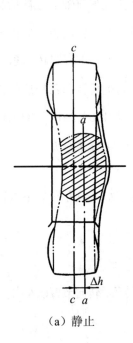
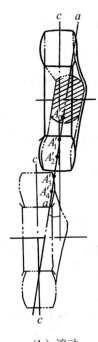

（a）静止   （b）滚动

图 4.3　轮胎的侧偏现象

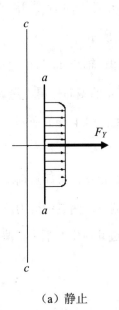
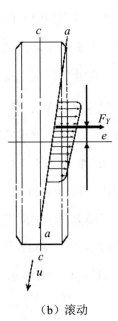

（a）静止   （b）滚动

图 4.4　地面侧向反作用力的分布与回正力矩产生示意图

综上所述，主销后倾角、主销内倾角及侧偏力都能够独立地形成回正力矩，汽车在行驶过程中由于汽车自身产生的回正力矩 T_z 就是将主销后倾角、主销内倾角及侧偏力产生的回正力矩叠加而成，公式如下

$$T_z = M_{\alpha 2} + M_{\beta 2} + M_{\gamma 2} \tag{4.8}$$

通过分析可知依靠自回正力矩，汽车在车速较低时容易造成回正不足的情况。然而对于加装了电机的 EPS 来说，回正力矩除了与机械转向系统一样要克服路面阻力外还需要克服电机的摩擦力、惯性力，随着方向盘转角增大回正行程也将增大，从而需克服的摩擦功增加，容易造成回正不足的现象。因此，当汽车处于低速大转角时司机撒手后需要回正补偿的介入，从而提高汽车的回正性能。

4.3　质心侧偏角的估计

车载 EPS 传感器所测得的信号有转矩、车速、电动机电流、转向盘转角等信号，EPS 信号及类型见表 4.1。

表 4.1　EPS 信号及类型

EPS 信号名称	信号类型
转向盘转矩	模拟
车速	PWM
电动机电流	模拟
转向盘转角	CAN

车载 ESP 传感器测得的信号有测量驾驶员对汽车操纵的信号和测量汽车运动状态的信号两类。前者有转向盘转角信号、制动主缸压力信号、节气门开度信号；后者有轮速、横摆角速度、侧向加速度信号、压力信号等，ESP 信号及类型见表 4.2。

表 4.2 ESP 信号及类型

ESP 信号名称	信号类型
转向盘转角	CAN
制动主缸压力	模拟
节气门开度	模拟
轮速	PWM
车轮轮缸压力	模拟
横摆角速度	CAN
侧向加速度	CAN

美国数学家 Kalman 1960 年提出仅对线性系统有效的卡尔曼滤波（Kalman Filtering，KF）理论，此理论无法基于非线性车辆动力学模型估计质心侧偏角等。

1969 年发表的扩展卡尔曼滤波（Extented Kalman Filtering，EKF）理论，将非线性系统变换为线性系统之后，再估计状态变量，因此 EKF 是一种有损滤波。

4.3.1 EKF 滤波

EKF 的原理是一种无偏最小方差估计算法，对非线性函数而言，EKF 在最佳估计点附近 Taylor 展开，并舍掉高阶项，将非线性模型线性化，再利用 Kalman 估计实现滤波。目前常用 EKF 方法进行非线性状态估计，典型的非线性系统的模型记为

$$x_k = f(x_k, u_k)$$
$$y_k = g(x_k, u_k)$$

（4.9）

式中，x_k 为系统状态变量；u_k 为输入变量；y_k 为观测变量；$f(x_k, u_k)$ 为系统状态的非线性函数；$g(x_k, u_k)$ 为关于 x_k 和 y_k 的非线性函数。

对 $f(x_k, u_k)$ 和 $g(x_k, u_k)$ 一阶 Taylor 展开，并假设 $f(x_k, u_k)$ 和 $g(x_k, u_k)$ 在各采样点处可微，则

$$f(x_k,u_k) \approx f(\tilde{x}_k,u_k) = \frac{\partial f(x_k,u_k)}{\partial x_k}\big|_{x_k=\tilde{x}_k}(x_k - \tilde{x}_k) \tag{4.10}$$

$$g(x_k,u_k) \approx g(\tilde{x}_k,u_k) = \frac{\partial g(x_k,u_k)}{\partial x_k}\big|_{x_k=\tilde{x}_k}(x_k - \tilde{x}_k) \tag{4.11}$$

令 $\qquad \tilde{A}_k = \frac{\partial f(x_k,u_k)}{\partial x_k}\big|_{x_k=\tilde{x}_k}, \quad \tilde{C}_k = \frac{\partial g(x_k,u_k)}{\partial x_k}\big|_{x_k=\tilde{x}_k} \tag{4.12}$

则有如下的关系式

$$x_{k+1} \approx \tilde{A}_k x_k + [f(\tilde{x}_k,u_k - \tilde{A}_k x_k)] + w_k \tag{4.13}$$

$$y_k \approx \tilde{C}_k x_k + [g(\tilde{x}_k,u_k - \tilde{C}_k x_k)] + v_k \tag{4.14}$$

式中，w_k、v_k 分别为状态噪声和测量噪声，二者是均值为 0 且相互独立的 Gauss 白噪声，满足 $w_k \sim N(0,Q_k)$，$v_k \sim N(0,R_k)$；Q_k、R_k 分别为状态噪声和测量噪声的协方差。

EKF 的步骤如下：

Step1：初始化，在 $k-1$ 时刻，$\tilde{x}_{k-1} = E[x_{k-1}]$，$P_{k-1} = E[(x_{k-1} - \tilde{x}_{k-1})(x_{k-1} - \tilde{x}_{k-1})^T]$。

Step2：预测。

状态预测方程

$$\tilde{x}_k^- = f(\tilde{x}_{k-1}, u_k) \tag{4.15}$$

状态协方差预测方程

$$P_k^- = \tilde{A}_{k-1} P_{k-1} \tilde{A}_{k-1}^T + Q_{k-1} \tag{4.16}$$

Step3：校正。

反馈增益方程

$$\kappa_k = P_k^- \tilde{C}_k^T (\tilde{C}_k P_k^- \tilde{C}_k^T + R_k)^{-1} \tag{4.17}$$

滤波方程

$$\tilde{x}_k = \tilde{x}_k^- + \kappa_k(y_k - g(\tilde{x}_k^-, u_k)) \tag{4.18}$$

误差协方差矩阵更新方程

$$P_k = (I - \kappa_k H_k) P_k^- \tag{4.19}$$

但 EKF 存在如下缺点：一是线性化过程中需要计算 Jacobian 和 Hessian 矩阵，

计算量大，有时不易实现；二是线性化过程中可能产生较大的误差导致滤波发散。

4.3.2 UKF 滤波

而无迹卡尔曼滤波器不需要计算 Jacobian 矩阵，非线性分布统计量的计算精度至少可达到二阶 Taylor 展开的精度，其计算量与 EKF 算法处于同一量级，精度和鲁棒性均优于 EKF，应用较为广泛。

UKF 算法的核心是 UT 变换，此变换的关键在于 Sigma 点采样策略，不同的采样策略对应的采样点个数、位置及相应权值不同。采用逼近非线性函数概率密度分布的方法，即根据先验分布采样一组确定的 Sigma 点，将这些点通过非线性函数传播，这些 Sigma 点保留了原状态变量的先验分布特性，对所得结果作加权回归运算使其逼近非线性状态后验分布。

EKF 用非线性系统的一阶近似，而 UKF 是对状态的概率密度函数做近似，其计算复杂度较低，有更高的运算速度和估计精度。UKF 不需要任何线性分布，采用无迹变换估计分布的一个后验状态，无迹变换通过非线性函数计算 Sigma 点来估计随机变量的分布，EKF 线性化原理与 UT 变换原理的区别如图 4.5 所示。

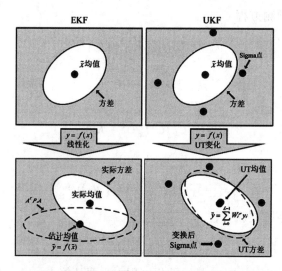

图 4.5　EKF 线性化原理与 UT 变换原理

目前常用的采样策略有单形采样、对称采样、Gauss 分布 4 阶矩对称采样和 3 阶矩偏度采样等[128]，其中应用最为普遍的是对称采样。UT 变换算法的具体步骤如下：

Step1：根据输入变量 x 的统计量，选择 Sigma 点对称采样策略，得到输入变量的 Sigma 点集 $\{x_i\}, i=1\cdots L$，L 为所用采样策略的采样 Sigma 点的个数，协方差加权权值、均值加权权值分别为 W_i^c、W_i^m。

Step2：对所采样的输入变量 Sigma 点集 $\{x_i\}$ 中的每个点进行非线性变换，得到 $\{y_i\}$，$y_i = f(x_i), i=1\cdots L$。

Step3：对 $\{y_i\}$ 加权，得到输出变量的统计量 $\tilde{y}$ 和 P_{yy}。

$$\tilde{y} = \sum_{i=0}^{L-1} W_i^{(m)} y_i \tag{4.20}$$

$$P_{yy} = \sum_{i=0}^{L-1} W_i^c (y_i - \tilde{y})(y_i - \tilde{y})^T \tag{4.21}$$

UKF 算法的步骤如下：

Step1：确定初始状态。

$$\tilde{x}_0 = E[x_0] \quad P_0 = E[(x_0 - \tilde{x}_0)(x_0 - \tilde{x}_0)^T] \tag{4.22}$$

Step2：状态扩维。

$$\tilde{x}_0^a = E[x_0^a] = E[x_0 \quad v_0 \quad n_0] = [\tilde{x}_0 \quad 0 \quad 0] \tag{4.23}$$

$$P_0^a = E[(x_0^a - \tilde{x}_0^a)(x_0^a - \tilde{x}_0^a)^T] = \begin{bmatrix} P_0 & 0 & 0 \\ 0 & P_v & 0 \\ 0 & 0 & P_n \end{bmatrix} \tag{4.24}$$

Step3：计算采样点。

$$\chi_{0,k-1} = \tilde{x}_{k-1}^a \tag{4.25}$$

$$\chi_{i,k-1} = \tilde{x}_{k-1}^a + (\sqrt{(N+\lambda)P_{k-1}})_i, i=1\cdots L \tag{4.26}$$

$$\chi_{i,k-1} = \tilde{x}_{k-1}^a - (\sqrt{(N+\lambda)P_{k-1}})_i, i=L+1\cdots 2L \tag{4.27}$$

$$W_0^{(m)} = \lambda \Big/ (\lambda + L) \tag{4.28}$$

$$W_0^{(c)} = \lambda \Big/ (\lambda + L) + (\beta - \alpha^2 + 1) \tag{4.29}$$

$$W_i^{(m)} = W_i^{(c)} = 1 \Big/ [2(\lambda + L)] \quad i = 1 \cdots 2L \tag{4.30}$$

$$\chi_{k-1}^a = [\tilde{x}_{k-1}^a, \tilde{x}_{k-1}^a + (\sqrt{(N+\lambda)P_{k-1}}), \tilde{x}_{k-1}^a - (\sqrt{(N+\lambda)P_{k-1}})] \ \lambda = \alpha^2(\kappa + L) - L \tag{4.31}$$

一般地取 $\alpha = 1e-3$ ， $\beta = 2$ ， $\kappa = 0$ 。

Step4：时间更新。

将 Sigma 点向后传播

$$\chi_{k|k-1}^x = F(\chi_{k-1}^i), i = 0 \cdots 2L \tag{4.32}$$

进而结合 Sigma 点的权值计算出状态及其方差的预测值

$$\tilde{x}_k^- = \sum_{i=0}^{2L} W_i^{(m)} \chi_{i,k|k-1}^x \tag{4.33}$$

$$P_x^- = \sum_{i=0}^{2L} W_i^{(c)} (\chi_{i,k|k-1}^x - \tilde{x}_k^-)(\chi_{i,k|k-1}^x - \tilde{x}_k^-)^T \tag{4.34}$$

Step5：测量更新。

计算输出的预测值及其方差

$$y_{k|k-1} = H(\chi_{k|k-1}^x, \chi_{k|k-1}^n) \tag{4.35}$$

$$\tilde{y}_k^- = \sum_{i=0}^{2L} W_i^{(m)} y_{i,k|k-1} \tag{4.36}$$

$$P_{\tilde{y}_k \tilde{y}_k} = \sum_{i=0}^{2L} W_i^{(c)} (y_{i,k|k-1} - \tilde{y}_k^-)(y_{i,k|k-1} - \tilde{y}_k^-)^T \tag{4.37}$$

$$P_{\tilde{x}_k \tilde{y}_k} = \sum_{i=0}^{2L} W_i^{(c)} (\chi_{i,k|k-1} - \tilde{x}_k^-)(y_{i,k|k-1} - \tilde{y}_k^-)^T \tag{4.38}$$

利用实际输出修正计算后验估计值

$$\tilde{y}_k = z_k - \tilde{z}_{k|k-1} \tag{4.39}$$

$$\kappa = \boldsymbol{P}_{x_k y_k} \boldsymbol{P}_{\tilde{y}_k \tilde{x}_k}^- \tag{4.40}$$

$$\tilde{x}_k = \tilde{x}_k^- + \kappa(y_k - \tilde{y}_k^-) \tag{4.41}$$

$$\boldsymbol{P}_k = \boldsymbol{P}_k^- - \kappa \boldsymbol{P}_{\tilde{y}_k \tilde{y}_k} \kappa^T \tag{4.42}$$

4.3.3   质心侧偏角估计—UKF

首先建立状态方程和观测方程。由于 UKF 使用的是离散非线性模型,利用欧拉离散法将车辆模型和轮胎模型中的连续变量离散化,得到一个离散系统,完成对系统模型的离散化处理,以应用 UKF。通用的离散状态空间模型如下

$$\boldsymbol{x}(k+1) = g(\boldsymbol{x}(k), \boldsymbol{u}(k), \xi(k)) + w(k) \tag{4.43}$$

$$\boldsymbol{y}(k+1) = h(\boldsymbol{x}(k), \boldsymbol{u}(k), \xi(k)) + v(k) \tag{4.44}$$

式中,$\boldsymbol{x}(k)$ 为状态向量;$\boldsymbol{u}(k)$ 为输入向量;$\xi(k)$ 为未知参数;$\boldsymbol{y}(k)$ 为观测向量;$w(k)$ 为服从 $N(0,Q)$ 分布的过程噪声,为高斯白噪声;$v(k)$ 为服从 $N(0,R)$ 分布的量测噪声。

将状态 $\boldsymbol{x}(k)$ 和参数 $\xi(k)$ 作为一个新变量

$$\boldsymbol{z}(k) = (\boldsymbol{x}(k)\ \xi(k))^T \tag{4.45}$$

新的状态空间方程为

$$\boldsymbol{z}(k+1) = \begin{pmatrix} \boldsymbol{x}^T(k+1) \\ \xi(k+1) \end{pmatrix} = \begin{pmatrix} g(\boldsymbol{x}(k), \boldsymbol{u}(k), \xi(k)) \\ \xi(k) \end{pmatrix} + \begin{pmatrix} w(k+1) \\ n(k+1) \end{pmatrix} \tag{4.46}$$

式中,$n(k+1)$ 为与参数 $\xi(k)$ 具有相同维数的噪声向量。

式(4.43)中状态向量 $\boldsymbol{x}(k)$ 包含车速 u、横摆角速度 r、质心侧偏角 β。

$$\boldsymbol{x}(k) = (u, r, \beta) \tag{4.47}$$

参数 ξ 为路面附着系数 μ,则

$$\boldsymbol{z}(k) = (u, r, \beta, \mu)^T \tag{4.48}$$

状态向量 u, r, β 通过车辆动力学模型得到，观测向量 $\boldsymbol{y}(k)$ 包含纵向加速度 a_x、侧向加速度 a_y 和横摆角速度 r

$$\boldsymbol{y}(k) = (a_x, a_y, r)^{\mathrm{T}} \tag{4.49}$$

输入向量为左前轮转角 δ_{fl} 和右前轮转角 δ_{fr}

$$\boldsymbol{u}(k) = (\delta_{fl}, \delta_{fr}) \tag{4.50}$$

UKF 算法步骤见文献[129]，在此不再赘述，UKF 观测器简图如图 4.6 所示。

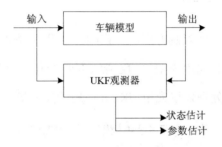

图 4.6 UKF 观测器简图

为了验证 UKF 算法估计路面附着系数、质心侧偏角的有效性，使用 Carsim 软件的输出模拟 ESP 传感器获取的信号，为算法提供测量输出，在 Matlab/Simulink 中建立 UKF 估计算法的仿真平台。以左前轮为例对路面附着系数进行估计。Carsim 软件中设定路面附着系数的值分别为 0.85 和 0.1，图 4.7 为相同工况下 Carsim 软件中设定值与估计值的对比。

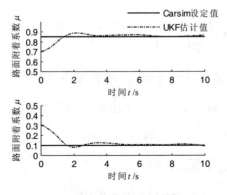

图 4.7 路面附着系数估计结果

　　双移线试验（Double Lane Change Test）是综合测定汽车操纵稳定性的闭环试验工况，主要用来模拟汽车超车或避障的情况，是研究"人-车-路"闭环系统最有效的试验工况之一。鱼钩试验（Fishhook Test）工况模拟的是当汽车开到路边缘后，驾驶员紧急转向使汽车回到正常行驶路径的过程。分别选取双移线和鱼钩试验工况，车速均为 80km/h，验证质心侧偏角估计算法。图 4.8 为双移线试验工况下质心侧偏角的 Carsim 仿真值与 UKF 估计值的对比。

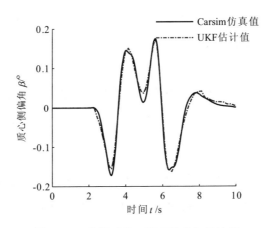

图 4.8　双移线试验工况下仿真与估计值

　　图 4.9 为鱼钩试验工况下质心侧偏角的 Carsim 仿真值与 UKF 估计值的对比。

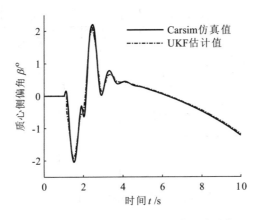

图 4.9　鱼钩试验工况下仿真与估计值

由图 4.7 至图 4.9 可以看出,采用 UKF 算法能准确地估计路面附着系数,UKF 估计算法获取的质心侧偏角估计值与 Carsim 仿真值基本吻合,说明该算法能够较 准确地估计质心侧偏角。准确获取质心侧偏角信息为车辆转向回正控制提供了新 的解决方法和条件。

4.4　控制器设计

4.4.1　控制系统总体结构

设计的控制系统总体结构由车辆模型、UKF 观测器、转向回正滑模控制器、 助力控制器和直流电机模型 5 部分组成,如图 4.10 所示。UKF 观测器以前轮转 角、前轮的纵向力和四轮的垂向力来估计质心侧偏角,转向回正滑模控制器的输 入为质心侧偏角估计值与期望值的偏差,输出为一回正补偿电流;助力控制器的 输入为车速、转向盘转矩等信号,输出为助力电流;两个输出电流叠加后施加给 直流电机。

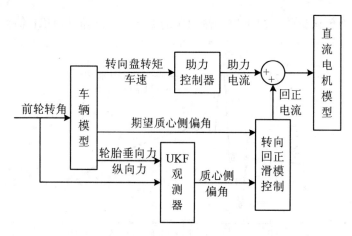

图 4.10　控制系统总体结构

4.4.2 EPS 控制器设计

1. EPS 建模

EPS 电机的转矩平衡方程式为[30]

$$J_{eq}\ddot{\theta}_m = k_c \frac{\theta_c}{N} - \left(\frac{k_c}{N^2} + \frac{k_r r_p^2}{N^2} \right) \theta_m - B_{eq}\dot{\theta}_m + k_m I_m - \frac{r_p}{N} F_r \qquad (4.51)$$

式中，$J_{eq} = J_m + \dfrac{r_p^2}{N^2} m_r$，$B_{eq} = B_m + \dfrac{r_p^2}{N^2} B_r$，$\theta_m = \dfrac{N x_r}{r_p}$，$J_{eq}$ 为电机等效转动惯量；θ_m 为电机轴转角；k_c 为转向轴刚度；θ_c 为转向轴转角；N 为电机减速比；r_p 为小齿轮的分度圆半径；k_r 为轮胎垂向刚度；B_{eq} 为电机等效阻尼系数；k_m 为电机力矩常数；I_m 为电机电流；F_r 为转向阻力；x_r 为齿条的位移；J_m 为电机转动惯量；B_m 为电机轴黏性阻尼；m_r 为齿条的当量质量；B_r 为齿条的当量阻尼。

转向柱平衡方程为

$$J_c\ddot{\theta}_c = -k_c\theta_c - B_c\dot{\theta}_c + k_c\frac{\theta_m}{N} + T_d \qquad (4.52)$$

式中，J_c 为转向轴转动惯量；B_c 为转向轴阻尼系数；T_d 为驾驶员转矩。

直流电机电枢回路的电势平衡方程为

$$L\dot{I}_m = -RI_m - K_e\dot{\theta}_m + U \qquad (4.53)$$

式中，R、L、U 分别为电机电枢电阻、电机电感系数和电压；K_e 为电机反电动势常数。

2. 滑模控制器的设计

变结构控制（Variable Structure Control，VSC）最早由苏联学者 Emelyanov[130] 于 20 世纪 60 年代提出，之后 Utkin 及 Slotine 等[131、132]对其做了进一步深入的研究和改进。在动态过程中，使系统在预先设定的"滑动模态"上运动，故又称滑模控制（Sliding Mode Control，SMC）。系统"结构"随时间变化，滑动模态能够让系统在一定特性下沿着预先设定的状态轨迹作高频小幅的上下运动，它在运行的过程中与外界的扰动及系统的参数无关，系统有较强的鲁棒性，故适合于 EPS 转向回正性的控制。

在系统的动态过程中，系统的状态变量不断发生变化，迫使系统状态轨迹达到预定的滑模面，并最终收敛于状态原点。当系统的状态变量向正或负方向穿过超平面时，滑模控制器通过反馈控制改变自身控制器的结构，使状态变量的轨迹沿着此滑模超平面滑动到坐标原点并保证系统的稳定性。

如下单输入-单输出非线性系统

$$x^{(n)} = f(\boldsymbol{x}) + u \qquad (4.54)$$

其中 $u \in R$ 为控制输入，$x \in R$ 为控制输出，$\boldsymbol{x} = (x, \dot{x}, \cdots x^{(n-1)})^T \in R$ 为状态变量，$f(\boldsymbol{x})$ 为隐函数，其不确定性由一个 $\boldsymbol{x}$ 的已知函数来确定。

$$f(\boldsymbol{x}) = \hat{f}(\boldsymbol{x}) + \Delta f(\boldsymbol{x}) \qquad (4.55)$$

$$|\Delta f(\boldsymbol{x})| \leqslant F(\boldsymbol{x}) \qquad (4.56)$$

其中，$\Delta f(\boldsymbol{x})$ 未知，$\hat{f}(\boldsymbol{x})$ 和 $f(\boldsymbol{x})$ 为已知。控制目标是求得状态反馈控制律 $u = u(\boldsymbol{x})$，整个闭环系统的状态变量 $\boldsymbol{x}$ 达到 $\boldsymbol{x}_d = (x_d, \dot{x}_d, \cdots, x_d^{(n-1)})^T$。故轨迹误差 $\boldsymbol{e} = \boldsymbol{x} - \boldsymbol{x}_d = (e, \dot{e}, \cdots, e^{(n-1)})^T$ 应收敛到 0。

定义标量函数

$$S(\boldsymbol{x},t) = (\frac{d}{dt} + \lambda)^{n-1} e = e^{n-1} + C_{n-1}^1 \lambda e^{n-2} + C_{n-2}^2 \lambda^2 e^{n-3} + \cdots \lambda^{n-1} e \qquad (4.57)$$

式中，λ 为正常数。则定义状态空间 R^n 中的时变超平面函数 $S(t)$ 如下

$$S(\boldsymbol{x},t) = 0 \qquad (4.58)$$

若 $n = 2$，则超平面 $S(\boldsymbol{x},t) = \dot{e} + \lambda x - \dot{x}_d - \lambda x_d = 0$，图中它是一条直线。二维相平面的滑动超平面如图 4.11 所示。

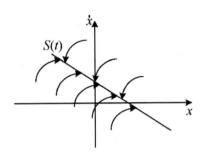

图 4.11　二维相平面的滑动超平面

跟踪控制问题就是标量函数 $S(\pmb{x},t)$ 保持在零点，为了实现此目标，当状态处于 $S(t)$ 以外时，选择 u 使得下式成立。

$$\frac{1}{2}\frac{\mathrm{d}}{\mathrm{d}t}s^2 \leqslant -\eta|s| \qquad (4.59)$$

式中，η 为正的常数，是式（4.59）的滑动条件。

期望质心侧偏角 β_d 的取值见第 2 章中式（2.7）。根据滑模控制理论，定义滑模切换面

$$s = \beta - \beta_d \qquad (4.60)$$

式中，β、β_d 分别为车辆质心侧偏角的当前值与期望值。

对滑模面求导

$$\dot{s} = \dot{\beta} - \dot{\beta}_d \qquad (4.61)$$

使滑模面以指数趋近律趋于零，则控制器的输出为

$$I = I_{equ} + \lambda\,\mathrm{sgn}(s) \qquad (4.62)$$

式（4.62）中 I_{equ} 为等效滑模控制输出，$\lambda\,\mathrm{sgn}(s)$ 使系统不在滑模面上时趋近于期望的滑模面，使得 $s\dot{s} < 0$ 成立。

构建 Lyapunov 函数

$$J = \frac{1}{2}s^2 \qquad (4.63)$$

令 $\dot{J} \leqslant -\eta|s|$，$\eta > 0$

$$(\beta - \beta_d)(\dot{\beta} - \dot{\beta}_d) \leqslant -\eta|s| \qquad (4.64)$$

又作用在前轮上的总侧向力为

$$F_y' = \frac{Nk_t I}{l} + F_{yt} \qquad (4.65)$$

式中，l 为转向节臂长度；F_{yt} 为轮胎模型计算的前轮侧向力。

$$(\beta - \beta_d)\left(\frac{F_y'}{mu} - r - \dot{\beta}_d\right) \leqslant -\eta|s| \qquad (4.66)$$

故

$$(\beta - \beta_d)\left(\frac{\dfrac{Nk_t(I_{equ} + \lambda \operatorname{sgn}(s))}{l} + F_{yt}}{mu} - r - \dot{\beta}_d\right) \leqslant -\eta|s| \qquad (4.67)$$

当 $\lambda \leqslant \dfrac{-\eta mul}{Nk_t}$ 时，可满足 $t \to \infty$ 时，$s \to 0$，即满足 Lyapunov 稳定判据。则

控制器输出为

$$I = \frac{mul(r + \dot{\beta}) - F_{yt}l - mul\eta \operatorname{sgn}(s)}{Nk_t} \qquad (4.68)$$

采用饱和函数代替符号函数，可消除抖振。饱和函数设计为[133]

$$sat(s) = \begin{cases} 1 & s > \delta \\ \dfrac{s}{\delta} & |s| \leqslant \delta \\ -1 & s < -\delta \end{cases} \qquad (4.69)$$

其中，$\delta > 0$，为边界层厚度。

4.5　仿真分析

根据所设计的 UKF 估计及转向回正滑模控制算法，通过典型工况对车辆转向

回正性能进行仿真。中心区转向试验对车辆高速操纵稳定性进行评价，能够提供丰富的转向特性信息，为车辆的完善与改进提供参考依据。采用中心区转向试验工况对此转向回正控制算法进行验证，转向盘转角峰值以使车辆最大侧向加速度 $a_{y\max}$ 达到 0.2g 为准，中心区转向工况设置见表 4.3。

表 4.3　中心区转向工况设置

工况设置	数值
车速/（km/h）	100
正弦转向角幅值/°	25
正弦转向角频率/Hz	0.2
路面附着系数/-	0.9

图 4.12 为中心区转向试验工况下侧向加速度与转向盘转矩($a_y - T$)的关系曲线，它反映的是转向盘的力输入特性。转向盘转矩为 0 时的汽车侧向加速度表征了汽车的转向回正性能[134]，图中实线为 EPS 仅有助力控制时的侧向加速度与转向盘转矩之间的关系，点划线为基于转向盘转角的 PI 回正控制，虚线为转向回正滑模控制后二者之间的关系。

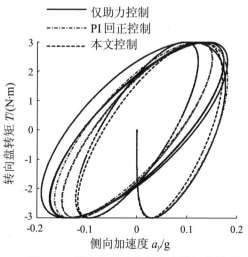

图 4.12　侧向加速度与转向盘转矩的关系

由图 4.12 可得中心转向评价指标见表 4.4。

表 4.4　中心转向评价指标

控制策略	力矩梯度/（N·m/g）	回正性/g
仅助力控制	18.75	0.25
PI 回正控制	27.27	0.20
本书方法	31.58	0.17

转向盘转矩为 0 时的侧向加速度反映了汽车的转向回正性能，侧向加速度越小，反映汽车的转向回正性越好。侧向加速度为 0.1g 时的转向盘转矩梯度表征了刚离开直线行驶时的驾驶路感，力矩梯度越大表明中心转向操纵性越好。转向盘转到 90° 后释放，车速为 40km/h 时，对 3 种不同控制策略下的转向盘回正过程进行仿真，仿真结果如图 4.13 所示。

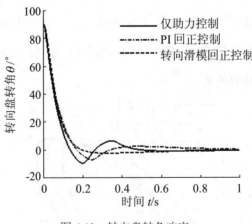

图 4.13　转向盘转角响应

实线为仅有助力控制时的转向盘转角响应，稳定时间为 0.55s；点划线为基于转向盘转角的 PI 回正控制时的转向盘转角随时间变化的关系，稳定时间为 0.43s，虚线为转向回正滑模控制后二者之间的关系，回正过程平滑，回正时间为 0.34s，转向回正性能有了较大的改善。

4.6 EPS 转向回正性试验

为了验证本章提出的转向回正控制算法，测试开发 ECU，在搭建 EPS 试验台上进行硬件在环试验验证，图 4.14、图 4.15 为基于 LabVIEW 搭建的转向及回正模块程序。

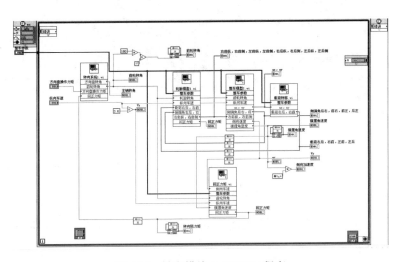

图 4.14 转向模块 LabVIEW 程序

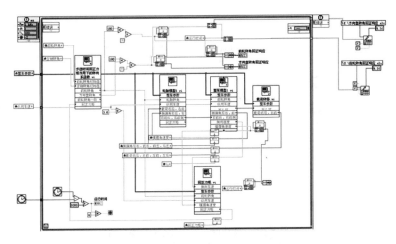

图 4.15 回正模块 LabVIEW 程序

图 4.16 为试验现场图。

图 4.16　试验现场

图 4.17 为双移线试验工况下的转向盘转角，可通过转向盘转角传感器直接测得。车辆进行车速为 80km/h 的双移线试验，质心侧偏角的 Carsim 软件仿真值与 UKF 硬件在环试验估计值如图 4.18 所示。车速为 40km/h，将转向盘转到 90° 后释放，横摆角速度随时间的变化趋势如图 4.19 所示。

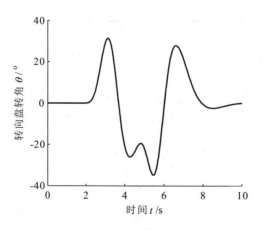

图 4.17　双移线试验工况转向盘转角

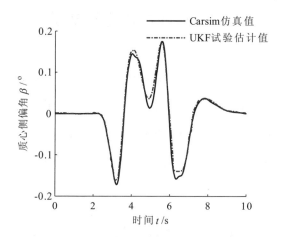

图 4.18　质心侧偏角仿真与试验估计值

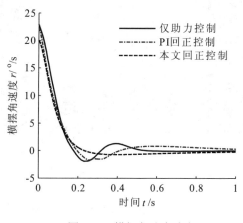

图 4.19　横摆角速度响应

实线为仅有助力控制时的横摆角速度响应，其稳定时间为 0.59s，横摆角速度超调量为 10.33%；点划线为基于转向盘转角的 PI 回正控制后的横摆角速度响应，其稳定时间为 0.51s；虚线为滑模回正控制后二者之间的关系，其稳定时间为 0.39s，转向回正性能得到了较大的改善。较常规的 PI 回正控制策略，滑模回正控制策略提高了车辆的操纵稳定性和转向回正性。

4.7 逆向冲击力矩测试

对 EPS 系统进行转向管柱输出端的冲击力矩测试，测试界面如图 4.20 所示。测试选取 60km/h 和 120km/h 两种车速工况，在 EPS 上电、初始化并正常工作 3s 后，控制负载机构对管柱总成施加持续时间约为 100ms、数值为 16N·m 的瞬时冲击力矩，对有补偿控制和无补偿控制两种状态下的转向盘把持力矩进行采集并对比分析。

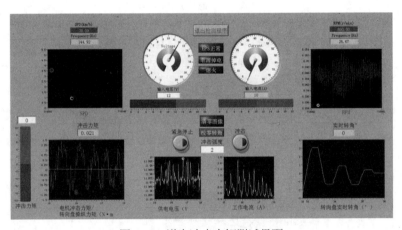

图 4.20 逆向冲击力矩测试界面

60km/h 车速工况下有补偿控制和无补偿控制两种状态的逆向冲击力矩测试结果如图 4.21 所示。

120km/h 车速工况下，有补偿控制和无补偿控制两种状态的逆向冲击力矩测试结果如图 4.22 所示。

对测试图线对比分析可知：

（1）测试工况下，转向盘把持力矩的大体变化趋势同路面的瞬时冲击力矩变化趋势相同，由于驾驶员把持过程中主观因素的影响，具体的曲线表现为单峰值或是多峰值的变化。

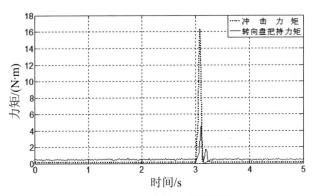

（a）60km/h 车速工况无补偿

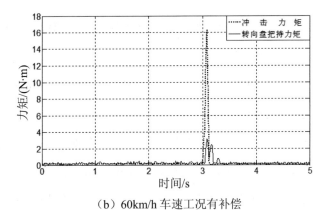

（b）60km/h 车速工况有补偿

图 4.21　60km/h 车速工况逆向冲击力矩测试曲线

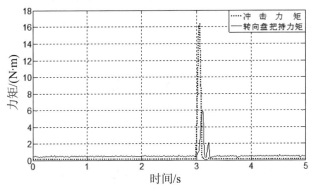

（a）120km/h 车速工况无补偿

图 4.22　120km/h 车速工况逆向冲击力矩测试曲线

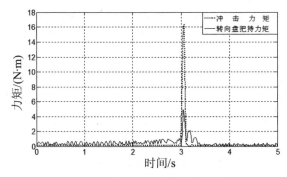

（b）120km/h 车速工况有补偿

图 4.22　120km/h 车速工况逆向冲击力矩测试曲线（续图）

（2）无论何种车速工况，有补偿控制状态下的转向盘把持力矩峰值较无补偿控制状态的小，并且有补偿控制状态下的转向盘把持力矩的响应较快，延迟较小，无补偿控制状态下的转向盘把持力矩的响应较慢，延迟较大，较快的相应及较小的延迟提供了更为准确的驾驶路面反馈。

（3）60km/h 车速工况下，无补偿控制状态下的转向盘把持力矩峰值约为 5N·m，有补偿的转向盘把持力矩峰值约为 3N·m，加入补偿控制后减小了 40%；120km/h 车速工况下，无补偿控制状态下的转向盘把持力矩峰值约为 6N·m，有补偿的转向盘把持力矩峰值约为 5N·m，加入补偿控制后减小了 17%。中低速工况下对路面冲击较大的衰减保证了驾驶员的驾驶舒适性，而高速巡航时较小的路冲击衰减保证了准确的路面反馈，有助于提高驾驶安全性。

4.8　本章小结

基于 UKF 算法估计路面附着系数和质心侧偏角，具有较高的精度。利用估计到的质心侧偏角，基于滑模控制策略给 EPS 助力电机提供额外的回正控制电流，仿真及试验结果表明所提出的控制策略显著改善了车辆的转向回正性，滑模回正控制策略优于常规的 PI 回正控制策略。

第 5 章　EPS 与 ESP 协调控制

5.1　引言

第 4 章充分利用了车载 ESP 传感器的信号，利用估计到的一些状态、参数对汽车进行 EPS 转向回正控制，实现了两系统之间的信号融合与共享，说明两系统之间存在着密切的关系。

汽车 EPS 与 ESP 系统对保证汽车具有良好的行驶安全性和操纵稳定性具有重要作用。EPS 主要改善了转向轻便性和转向回正性，是随动转向，其作用在于辅助驾驶员转向，减轻驾驶员的负担。然而，EPS 的潜力远远没有发挥出来，若能根据 EPS 的现有传感器，提前判断车辆状态和路面附着系数，并将此状态信号提供给 ESP，将会防止由于时间滞后导致事故的发生。由于汽车运动时轮胎纵、侧向力的耦合关系，ESP 和 EPS 所控制的汽车运动在一些工况下存在相互影响的现象。例如，当汽车前后轴侧向力饱和时，EPS 的助力特性将会加剧轮胎侧向力的饱和，与 ESP 为保障汽车的行驶稳定性实施的纠正动作冲突。在分离路面上，汽车制动或驱动产生跑偏现象，在中低速的情况下为了避免 ESP 介入造成驾驶员的不适，可以由 EPS 辅助驾驶员恢复汽车行驶的正确方向，因此为实现汽车在各工况下总体性能的最优，有必要对两系统进行协调控制。前人的研究往往通过二自由度车辆参考模型得出车辆的理想横摆角速度和质心侧偏角，并与车载传感器测得的实际值进行比较来判断失稳与否，决定是否采取控制。汽车运行相平面图虽能直观地表征车辆的稳定区域，但安全域的界定比较模糊。以往的研究往往集中在根据车辆的状态与理想状态的实时比较。由于没有充分考虑汽车行驶安全边界及各子系统的耦合机理，整车性能很难达到整体最优。

本章介绍一种基于汽车行驶安全边界的 EPS 与 ESP 协调控制策略。在第 2 章所建模型的基础上，首先，建立 EPS 模型，通过 Luenberger 观测器估计回正力矩，由回正力矩信息估计路面附着系数；其次，根据车辆动力学特性确定由质心侧偏角和横摆角速度组成的汽车行驶安全边界；最后，设计各子系统控制器，根据各子系统所擅长的控制功能、确定的汽车行驶安全边界和转向盘转矩等信息，基于带精英策略的非支配排序遗传算法（NSGA-II）优化 EPS 与 ESP 的动态协调控制因子，确保获得优化参数的全局最优解，对子系统加以控制，当出现失稳时，通过控制将车辆"拉回到"安全边界之内，使汽车性能全局最优。

5.2　汽车失稳机理

车辆在行驶过程中，同时受到纵向力和侧向力，当他们达到附着极限时，车辆的动力学性能就会改变。当纵向力或侧向力任何一个达到附着极限时，都将对车辆的驱动或制动性能以及侧向性能产生影响，即会影响车辆的动力学稳定性。当车辆在车速较高时或路面较湿滑的情况下作曲线运动，侧向力容易饱和达到附着极限，使车辆出现不足转向或过多转向的现象。不足转向是由于前轴侧向力饱和引起的，此时前轴容易侧滑出现转弯半径迅速增大的危险情况，若驾驶员不及时调整方向车辆可能冲出车道；相反过多转向是由于后轴侧向力饱和引起的，后轴容易出现侧滑使车辆产生甩尾或自旋的危险情况。

不管是过多转向还是不足转向，归根结底是由轮胎的侧偏特性所决定的。随着轮胎侧偏角的增加，侧偏力由线性增长区域进入非线性区域。当侧偏角较小时，与侧偏力成线性关系，而当它达到一定值时，轮胎特性进入非线性区域，侧偏力趋于饱和，无法产生足够的横摆力矩，车辆便会失去控制。因此车轮处于线性状态时，即车辆的响应与方向盘转角满足线性关系时，驾驶员的操控还是容易实现的，汽车处于最安全的状态，这也正是把车辆二自由度参考模型作为反应理想行驶状态的原因。

引起汽车失稳的原因比较多，比如因为汽车的纵向和侧向加速度引起轴荷转移，在有些情况下会使车辆由不足转向特性转化为过多转向，引起失稳；汽车进行紧急转向换道时由于汽车的横摆角速度响应相比司机的操作有一定的滞后，这个滞后会使车辆产生比较大的横摆力矩，进而引起汽车质心侧偏角变得较大，从而使车辆操纵变困难而引起失稳；不平路面以及侧向风对车辆的干扰，或者汽车轮胎处于不同的附着系数路面即对开路面时，都极易使汽车姿态改变而导致汽车质心侧偏角变大；而对于具有一般驾驶经验的司机来说，他们很难判断出所驾驶车辆处于轮胎和路面附着饱和极限的状况，在这种非线性工况下，驾驶员很可能因为紧张做出错误的操作加剧车辆的失稳。

基于上述失稳原因的分析，车辆的失稳与轮胎的纵向力和侧向力有关，而轮胎的滑动率、侧偏角和所承受的法向载荷决定了轮胎受到的力。由轮胎特性可知，对于给定的侧偏角，由轮胎的侧向力随滑动率的增大而减小，因此可以轮胎的滑动率为控制变量，控制轮胎的侧向力和车辆的横摆力矩。

汽车电子稳定系统要求在质心侧偏角超过稳定值之前，通过制动和驱动滑移率控制产生所需的的横摆力矩，限制质心侧偏角值以防止车辆失稳。可见轮胎滑移率的增加可以改变作用于车辆的横摆力矩以及横向力和纵向力。因此我们可以根据需要选择在任意轮胎上改变滑动率，以获得所需求的横摆力矩，提高汽车的操纵稳定性。

5.3　汽车行驶安全边界

安全边界控制类似于飞机上的包线控制（Envelope Control）。包线控制是为了确保飞机飞行的安全，确保其飞行高度、速度等在一定范围之内的一种控制方法。有必要根据不同的车速、不同的道路状况建立汽车行驶的安全边界。在安全边界之内，EPS 起作用，辅助驾驶员操纵汽车。在安全边界附近，需要 EPS、ESP 协调控制；在超过安全边界一定范围，EPS 的作用已无能为力，此时 ESP 起作用。

众所周知，车辆是一个典型的非线性系统，非线性系统存在平衡状态与不平衡状态，平衡点之内的区域是安全边界。由于平衡点由车速、路面附着系数等因素确定，是一个复杂的问题，故如何确定汽车行驶安全边界的范围，是本章要解决的问题之一。划定 EPS、ESP 所擅长的作用区域非常重要。汽车的纵向和侧向运动都反映到轮胎力上，而轮胎纵向力和侧向力之间存在着耦合关系。为了不影响汽车的动力性能，在横摆角速度和质心侧偏角不太大的情况下，EPS 起作用，能够通过改变转向助力矩特性启发驾驶员向正确的方向转向。当横摆角速度和质心侧偏角超过一定范围（汽车在不同行驶工况下的安全边界）时，ESP 起作用。由于不同的驾驶工况、不同驾驶操纵特性下的车辆运动情况差异很大，故应建立与不同驾驶工况和不同驾驶操纵特性相对应的汽车行驶安全边界。

EPS 和 ESP 系统的共同目标是提高转弯时的侧向稳定性。然而，它们通过不同的方法获得，EPS 通过电机助力来使车轮转动产生侧向轮胎力，而 ESP 通过不对称制动力分配得到期望的横摆角速度。EPS 的控制效果在极端情况下，如当额外的侧偏角增加使得侧向力达到饱和时变得微弱。然而，在这种情况下，ESP 用作用在不同车轮上的纵向制动力产生一个附加横摆力矩，直到轮胎产生过多的纵向滑移率。当 ESP 工作时，车速迅速降低，这就使驾驶员产生了不舒服的感觉，并对周围车辆产生危险。ESP 控制器采用滑模控制算法，计算所需的制动力，以获得期望的车辆状态和期望的纵向滑移率。当 EPS 起作用车辆稳定性变差时，ESP 参与。通过协调，车速下降，可以看作是 ESP 保持车辆稳定付出的代价降到最小。

在第 2 章建立的七自由度非线性车辆动力学模型的基础上，首先确定汽车行驶安全边界。

5.3.1　汽车行驶安全边界的定义

安全边界是指介于稳定与失稳的临界状态所确定的界限，安全边界方法已应用于电力系统[135、136]、轨道车辆[137、138]、航空[139]、信息安全[140]等领域。将此方法引入汽车领域，根据车辆动力学特性确定汽车行驶安全边界。车辆动力学控制的主要目标是稳定性控制和轨迹保持，而横摆角速度表征了车辆的稳定性，质心侧偏角表征了其轨迹保持特性，它们相互联系和影响，故通常用二者来表征汽车的稳定性。将两变量分别作为横轴和纵轴，构建描述汽车稳定性的行驶安全边界，辨识汽车行驶的安全区域与不安全区域。相对通过相平面决定安全边界的方法，此边界的选择是一种保守的设计方法，由于车辆行驶过程中存在诸多不确定因素，如路面的复杂性、车辆受力的不确定性以及驾驶员操纵特性及个体差异的影响等，存在的这些不确定因素影响到车辆的稳定性控制，故选择此保守的边界确定方法，这种保守的边界确定方法符合在稳定性控制研究中的可靠性设计原则[141]。此方法能够提高车辆行驶过程中的安全性和稳定性，若不选择此边界设计方法，会导致车辆在一些临界失稳工况下，控制器不能及时介入。当安全边界选择的过于保守，会引起控制器频繁作用，影响驾驶舒适性。

5.3.2　路面附着系数的估计

路面附着系数紧密关系到车辆稳定性控制的效果，由汽车车轮的附着特性可知，在不同附着系数的路面上车轮侧向力的饱和值相差很大，因此，由质心侧偏角和横摆角速度确定的安全边界也不相同，低附着路面上质心侧偏角和横摆角速度的安全范围较小，而高附着路面能承受更大的质心侧偏角和横摆角速度。为了实现汽车行驶中安全边界的确定，必须准确实时地估计路面附着系数，本章基于车载 EPS 传感器的信号估计路面附着系数。

由于最大轮胎力和最大回正力矩正比于路面附着系数，故路面附着系数可以通过与轮胎力及回正力矩之间的关系来估计。首先由 EPS 动力学方程来估计前轮的回正力矩，然后根据估计到的回正力矩值，估计路面附着系数。建立 EPS 系统的动力学模型

$$m_r \ddot{x}_r = \frac{T_s + T_m}{r_p} - B_r \dot{x}_r - k_t x_r - \frac{M_z}{l} + F_r \tag{5.1}$$

$$T_m = N k_m i_e \tag{5.2}$$

式（5.1）中，k_t 为齿条的当量刚度，M_z 为回正力矩，T_s 为转向盘转矩，T_m 为电机助力矩，l 为转向节臂长度；式（5.2）中，i_e 为电机等效电流。将上述方程写成状态空间的形式

$$\begin{aligned} \dot{x} &= Ax + Bu \\ y &= Cx \end{aligned} \tag{5.3}$$

$$x = \begin{pmatrix} x_r \\ \dot{x}_r \\ M_z \end{pmatrix} \qquad u = \begin{pmatrix} i_e \\ T_s \end{pmatrix}$$

假设回正力矩变化的趋势较平缓，即有 $\dot{M}_z = 0$。构建 Luenberger 观测器

$$\dot{\hat{x}} = (A - LC)\hat{x} + Bu + Ly \tag{5.4}$$

$$M_z = (0 \quad 0 \quad 1)\hat{x}$$

选择观测器增益为 $L = (-62.7 \quad 4654.3 \quad -384)^T$。

Fiala 轮胎模型如下

$$\begin{cases} M_z = \dfrac{L_h C_\alpha |\tan \alpha|}{3}\left(1 - \dfrac{C_\alpha |\tan \alpha|}{3\mu|F_z|}\right)^3 \operatorname{sgn}\alpha & |\alpha| \leqslant \alpha_c \\ M_z = 0 & |\alpha| > \alpha_c \end{cases} \tag{5.5}$$

式中，L_h 为轮胎印迹半长；C_α 为轮胎的侧偏刚度；α 为轮胎侧偏角；μ 为路面附着系数；F_y 为轮胎的侧向力；F_z 为轮胎的垂向力。

当路面附着系数变化时，回正力矩的最大值随之变化，故可用回正力矩最大值的变化来估计路面附着系数。

令 $\dfrac{C_\alpha |\tan \alpha|}{3\mu |F_z|} = \psi$ ，则， $\dfrac{\partial M_z}{\partial \psi} = \dfrac{L_h C_\alpha}{3}(1-\psi)^2(1-4\psi) = 0$

当 $\psi = \dfrac{1}{4}$ 时， $\qquad\qquad \mu = 9.48\dfrac{M_{z\max}}{|F_z|L_h}$ （5.6）

图 5.1 为车速为 80km/h 双移线工况下的回正力矩估计值与 Carsim 仿真值的对比。

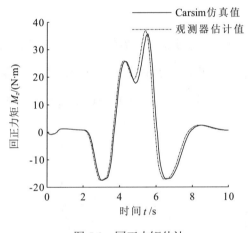

图 5.1　回正力矩估计

图 5.2 为估计到的路面附着系数与 Carsim 设定值的对比。

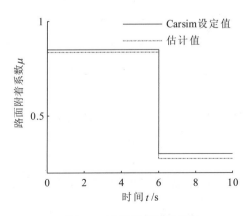

图 5.2　路面附着系数估计

由图 5.1 和图 5.2 可知，本观测方法能够精确地估计路面附着系数。

5.3.3　汽车行驶安全边界的确定

将质心侧偏角和横摆角速度分别作为平面坐标系的横轴和纵轴，构建描述汽车稳定性的相平面，可以较好地辨识汽车的稳定工况与不稳定工况。根据相轨迹的走势，在相图中的安全区域内，从任意初始点出发的相轨迹最终都收敛，使车辆能恢复到稳定的平衡状态。

根据本章 5.2.1 节中汽车行驶安全边界的定义，稳态横摆角速度的上限由路面附着系数和车速决定，为防止后轴侧向力达到饱和，质心侧偏角的上限由后轴侧偏角的最大值定义，分别以此质心侧偏角和横摆角速度作为横坐标和纵坐标，记为 P 点，如图 5.3 所示。

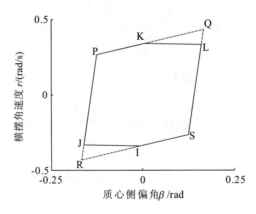

图 5.3　汽车行驶安全边界

根据估计到的路面附着系数，得到稳态横摆角速度的最大值

$$r_p = \frac{\mu g}{u} \tag{5.7}$$

由于质心侧偏角上限与后轴侧偏角的饱和值存在如下关系

$$\beta_p = \frac{l_r \mu g}{u^2} - \tan \alpha_r \tag{5.8}$$

式中，g 为重力加速度；α_r 为后轴侧偏角的饱和值。

当前轮转角增大到临界值 δ_m 时，车辆非线性系统会出现分岔现象。

$$\delta_m = \arctan\left(\frac{(l_f + l_r)\mu g}{u^2} - \tan\alpha_r\right) + \alpha_f \tag{5.9}$$

由前轮转角临界值 δ_m 决定的横摆角速度和质心侧偏角，记为 Q 点，根据前后轴侧偏角的关系有

$$\begin{cases} r_q = \dfrac{u}{l_f + l_r}(\tan(\alpha_f + \delta_m) - \tan\alpha_r) \\ \beta_q = \dfrac{l_r}{l_f + l_r}\tan(\alpha_f + \delta_m) + \dfrac{l_f}{l_f + l_r}\tan\alpha_r \end{cases} \tag{5.10}$$

式中，α_f 为前轴侧偏角的饱和值。

转向盘转角反向时得到与 P、Q 对称的两点 S、R。

由于此边界的右上角和左下角区域前轮的侧向力对车辆稳定起的作用很小，按照稳定性控制研究中的可靠性设计原则，此区域视为非安全区。进一步确定出汽车行驶安全边界 PKLSIJ。K、L 两点坐标为

$$\beta_k = \beta_p + \rho_k(\beta_q - \beta_p) \qquad r_k = \rho_k(r_q - r_p) + r_p \tag{5.11}$$

$$\beta_l = \frac{b}{u}r_l + \tan\alpha_r \qquad r_l = \rho_l(r_q - r_s) + r_s \tag{5.12}$$

ρ_k、ρ_l 的选取原则为：当仿真过程中车辆动力学响应变差时，表明所选择的初始安全边界过大，此时适当减小二者的值。经反复仿真调试，ρ_k、ρ_l 分别取值为 0.55、0.50。I、J 为与 K、L 对称的两点。

同理，在路面附着系数一定时，得到不同车速下的汽车行驶安全边界，如图 5.4（a）所示。

在车速一定时，得到汽车行驶安全边界随路面附着系数的变化规律，如图 5.4（b）所示。

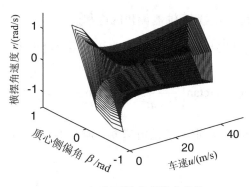

（a）路面附着系数为常数

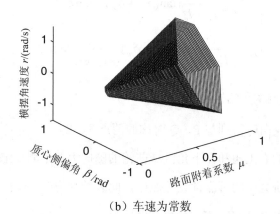

（b）车速为常数

图 5.4　安全边界随车速/路面附着系数变化规律

图 5.4（a）为路面附着系数为 0.5 时，汽车行驶安全边界随车速（10~50m/s）的变化规律，随着车速的升高，汽车行驶安全边界的范围变小；图 5.4（b）为车速为 30m/s 时，汽车行驶安全边界随路面附着系数（0.1~0.9）的变化规律，随着路面附着系数变大，汽车行驶安全边界的范围变大。

5.4　EPS 与 ESP 系统协调控制器

综合考虑 EPS 与 ESP 的工作特性和范围，EPS 主要作用是在车辆原地转向或低速行驶时提供转向助力矩，保证驾驶者的转向轻便性；高速行驶时进行阻尼控制，改善驾驶者的路感和防止驾驶者在车辆高速行驶大角度地改变转向角；以及车辆在转向回正力矩不足时提供回正控制，辅助驾驶者使车辆恢复直线行驶。由 EPS 的工作特点可知，其并不能主动改变转向轮转角，而只是辅助驾驶者进行转向控制。ESP 系统一般作用于车辆高速行驶或路面附着力较低车辆易失稳时，通过差动制动来改变两侧轮胎的纵向力，形成附加横摆力偶矩以保持车身稳定，但也会由于轮缸制动压力的建立和释放需要时间，造成在控制过程中车身出现左右横摆的问题，并不能很快地使车辆恢复稳定状态，但相比于缺乏驾驶经验的驾驶员对车辆自身的操控，ESP 系统在很大程度上能够保持车辆稳定和人员安全。

包线控制最先应用在航空上，其目的是为防止飞机进入安全飞行边界以外。应用在汽车上，是为了防止汽车进入行驶安全边界以外。首先，应确定汽车运行的安全边界；其次，通过控制使车辆运行在安全边界以内。就轮胎力而言，轮胎纵向力与侧向力之间的关系符合摩擦椭圆，存在耦合。就车辆的运动状态而言，ESP 过多干预会影响车辆的舒适性与动力性。特殊工况下，如低附着系数路面条件下车辆的避障，EPS 已不足以完成任务，需要 ESP 介入。在控制系统的设计中，各子系统能够各司其职，做到不缺位、不越位，不大材小用。在车辆处于行驶安全边界之内时，EPS 单独起作用；车辆处于行驶安全边界附近时，EPS、ESP 协调控制；车辆超出安全边界时，ESP 单独起作用。

ESP 的主要作用是限制车辆质心侧偏角以防止车辆侧滑，另外就是将车辆质心侧偏角保持在特征值（在不同附着系数路面上所允许的车辆最大质心侧偏角）以下以维持使车辆横摆的横摆力矩增益。如果车辆质心侧偏角达到特征值时，横摆力偶矩增益将会减小，驾驶员会发现逐渐对车辆失去控制并将变得紧张。因此 ESP 在质心侧偏角达到特征值之前就应对其进行控制，控制时间不能太迟，需要在对相应车轮进行主动制动或驱动还能够产生横摆力偶矩时就得进行控制。图 5.5 为车辆右转时，对左前轮进行制动，轮胎滑移率为 λ_0 时，纵侧向力的关系图。

在路面附着系数较低轮胎力容易饱和的情况下，当轮胎力达到路面附着极限时，轮胎自由转动时所受到的侧向力 $F_R(\lambda=0)$ 在数值上接近 $F_R(\lambda_0)$（轮胎制动滑移率为 λ_0 时，轮胎侧向力 $F_s(\lambda_0)$ 和纵向力 $F_B(\lambda_0)$ 的矢量和）。可以发现轮胎制动滑移率的改变可以改变轮胎侧向力和纵向力合力的方向，随着滑移率 λ_0 的增大，合力的方向由 $F_R(\lambda=0)$ 偏向 $F_R(\lambda_0)$。合力方向的偏转会导致作用于车辆的横摆力偶矩的改变，同时作用于车身的纵向力和侧向力都会得到相应改变。控制的关键在于如何调整每个轮胎的滑移率以产生所需要的横摆力矩，同时也得考虑到保持车辆车速或者加速度稳定，和轮胎侧偏角、滑移率控制精度的问题。

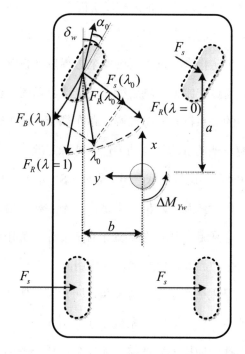

图 5.5 轮胎制动时纵侧向力关系图

通过以上分析可知，ESP 的主要作用是限制车辆质心侧偏角在路面附着系数所允许的最大值以下，在保证车辆不发生滑转的情况下，通过主动制动改变相应轮胎的滑移率，从而产生使车辆发生横摆的力矩。在车辆质心侧偏角较大时，由 ESP 单独控制，轮胎此时已进入非线性区域，很难再通过改变转向轮转向角产生车辆横摆需要的力偶矩。而当车辆质心侧偏角不太大时，可以通过 EPS 的作用来辅助驾驶员对车辆进行操作，减少 ESP 单独对车辆进行控制时对车辆驾乘舒适性的影响，因为传统的 ESP 系统由于制动压力的建立和释放均需要时间，作用的效果往往因迟滞而非常"粗暴"，车身往往经左摇右摆后才能获得平衡。

EPS 与 ESP 协调控制系统由上层协调控制器和下层执行控制器组成。由整车非线性动力学系统计算输出的值和基于 EPS 传感器信号估计到的路面附着系数等信息分析计算出汽车的行驶安全边界，上层协调控制器根据汽车的行驶状况和子系统的功能潜力，获得当前工况下各子系统的动态协调控制因子 λ_1、λ_2，λ_1、λ_2 经 NSGA-II 优化后为 λ_1'、λ_2'，分别输入 EPS 鲁棒控制器和 ESP 滑模控制器，两控制器分别输出电机助力矩 T_m' 和附加横摆力矩 M_z' 并作用于整车非线性动力学系统，使汽车具有良好的操纵稳定性和行驶安全性。若为单系统控制，则输出的动态协调控制因子分别为 (1 0) 或 (0 1)，整车控制系统示意如图 5.6 所示。

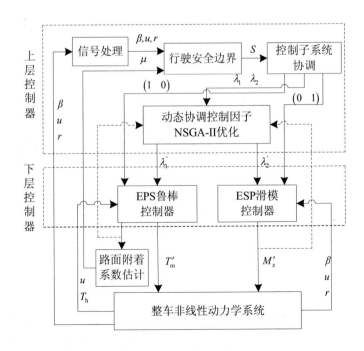

图 5.6　整车控制系统示意图

5.4.1 上层控制器

汽车运行时，可能会出现越过安全边界的情形，导致严重的安全问题。记当前状态到安全边界上最近点的状态误差的线性组合为 S，在安全边界上满足 S=0。

$$S = (r - r_s) - q(\beta - \beta_s) \tag{5.13}$$

q 表示图 5.3 中汽车行驶安全边界 *JP*、*PK*、*KL* 的斜率。以安全边界 *PK* 为例，定义 S 示意图如图 5.7 所示。

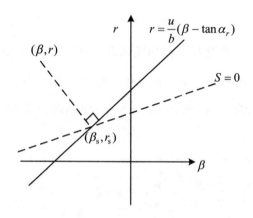

图 5.7　定义 S 的示意图

(β,r) 表示车辆的当前状态，(β_s,r_s) 在安全边界上，距离 (β,r) 最短，其计算式如下

$$\begin{cases} \beta_s = \dfrac{l_r^2\beta + l_r ur + u^2\tan\alpha_r}{u^2 + l_r^2} \\[2mm] r_s = \dfrac{l_r u\beta + u^2 r - l_r u\tan\alpha_r}{u^2 + l_r^2} \end{cases} \tag{5.14}$$

在不改变原有 EPS 和 ESP 控制系统架构的情况下，引入一种基于汽车行驶安全边界的动态协调控制因子 λ_1、λ_2，用 λ_1、λ_2 来引导各个子控制器改变控制信

号对当前的工作状态进行控制。当前车辆运动的状态点在行驶安全边界之内时，(β, r) 到安全边界的距离越短，λ_1 越小，λ_2 越大，超出安全边界时，λ_2 为 1。取汽车理想横摆角速度 r_{ref} 和极限横摆角速度 r_l 中绝对值较小的作为期望的横摆角速度

$$r_d = \min(|r_{ref}|, |r_l|) sign(r_{ref}) \tag{5.15}$$

$$r_{ref} = \frac{u/L}{1 + Ku^2} \delta \tag{5.16}$$

$$r_l = 0.85 \frac{\mu g}{u} \tag{5.17}$$

电机开始提供助力时的转向盘助力阈值为 T_{d0}，表 5.1 为车辆 EPS/ESP 系统协调控制规则。

各子系统对车辆良好操纵和侧向稳定性的有效作用区域的划分以及 λ_1、λ_2 的具体取值原则如下：

（1）当 $S < 0$、$T_h > T_{d0}$ 且 $r < r_d$ 时，车辆在高速转向时能够稳定转弯，此时需要 EPS 控制，使车辆在转向过程中具有更好的操纵稳定性。此时 $\lambda_1 = 1$，$\lambda_2 = 0$。

（2）当 $S < 0$、$T_h > T_{d0}$ 且 $r \geqslant r_d$ 时，此时车辆在高速转向时会失稳，故需要通过 EPS 和 ESP 对车辆同时控制，以保持良好的侧向稳定性和操纵稳定性。

表 5.1 汽车 EPS/ESP 系统协调控制规则

S	T_h	r	控制方式
$S < 0$	$T_h > T_{d0}$	$r < r_d$	EPS 控制
$S < 0$	$T_h > T_{d0}$	$r \geqslant r_d$	EPS/ESP 协调控制
$S > 0$	—	—	ESP 控制

基于 NSGA-II 求解 EPS、ESP 动态协调控制因子的多目标优化问题。由于遗传算法收敛速度慢、往往易于落入局部最优，而 NSGA-II 引入精英策略，扩大了采样空间，降低了算法的计算复杂度，能够得到分布均匀的非劣最优解；通过计

算拥挤度和拥挤度比较算子，使 Pareto 最优解前沿中的个体能均匀扩散到整个 Pareto 域，确保了种群的多样性。首先产生规模为 N 的初始种群 P_t 和子代种群 Q_t，将二者结合成大小为 $2N$ 的种群 R_t，然后将父代与子代种群进行快速非支配排序，计算每个非支配层的个体拥挤度，由个体拥挤度及非支配关系，选取合适的个体组成新的父代种群 P_{t+1}。最后由遗传算法产生新的子代种群 Q_{t+1}，将 P_{t+1} 和 Q_{t+1} 结合成新种群 R_t，重复以上步骤直至结束，程序流程如图 5.8 所示。Gen 为进化代数，Z 为非支配集，f 为支配集 Z 中的个体数。

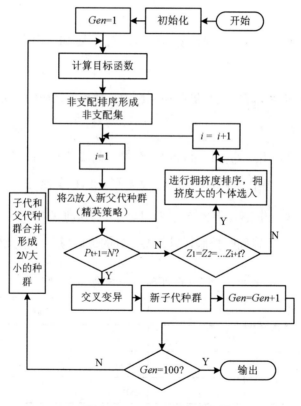

图 5.8 NSGA-II 程序流程图

（1）适应度函数。协调控制的目标是提高汽车的操纵稳定性，故建立以实际横摆角速度与期望横摆角速度偏差值最小、实际质心侧偏角和期望质心侧偏角偏

差最小为目标的多目标最优模型。即

$$J_1 = \sum_{i=1}^{N} |r - r_d| / N \qquad (5.18)$$

$$J_2 = \sum_{i=1}^{N} |\beta - \beta_d| / N \qquad (5.19)$$

其中，适应度函数 J_1、J_2 对协调控制系统的性能进行了量化评价，J_1、J_2 越小则表明该协调控制系统性能越好。

（2）选取种群。优化的变量是 EPS、ESP 的动态协调控制因子 λ_1、λ_2，此优化问题是一个多目标优化问题，对多目标优化问题而言，各目标之间相互制约和影响，优化其中一个目标往往会以牺牲另一个目标作为代价。种群数量为 2。为了使问题尽快收敛，根据 EPS 与 ESP 的工作区域划分原则，分别选取两个种群的范围，即 $0 \leqslant \lambda_1 \leqslant 1$，$0 \leqslant \lambda_2 \leqslant 1$。EPS/ESP 动态协调控制因子如图 5.9 所示。

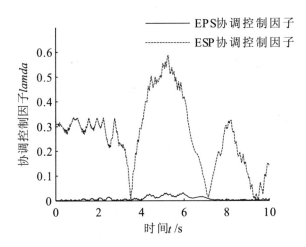

图 5.9　EPS/ESP 动态协调控制因子

利用 optimtool（'gamultiobj'）命令，进行多目标优化。优化界面如图 5.10 所示。

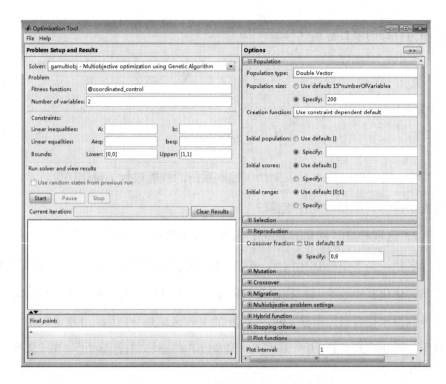

图 5.10　多目标优化的 Matlab 实现

根据各子控制系统对车辆影响的程度，设定各动态协调控制因子的取值范围为 $0 \leqslant \lambda_1' \leqslant 1$，$0 \leqslant \lambda_2' \leqslant 1$，确保获得优化参数 λ_1'、λ_2' 的全局最优解。

（3）当 $S > 0$ 时，此时车辆丧失转向能力，故需要通过 ESP 的介入使车辆重新回到稳定状态，此时取 $\lambda_1 = 0$，$\lambda_2 = 1$。

当（1）（3）两种情况下

$$\begin{bmatrix} T_m' \\ M_z' \end{bmatrix} = \begin{bmatrix} \lambda_1 & 0 \\ 0 & \lambda_2 \end{bmatrix} \begin{bmatrix} T_m \\ M_z \end{bmatrix} \tag{5.20}$$

当满足（2）时

$$\begin{bmatrix} T_m' \\ M_z' \end{bmatrix} = \begin{bmatrix} \lambda_1' & 0 \\ 0 & \lambda_2' \end{bmatrix} \begin{bmatrix} T_m \\ M_z \end{bmatrix} \tag{5.21}$$

式中，T_m、M_z 为各子控制器单独控制时的输出，T_m'、M_z' 是经协调控制后的输出。

5.4.2 下层控制器

1. EPS 控制器

建立转向管柱的动力学方程

$$
\begin{cases}
J_c\ddot{\theta}_c = T_h - k_c\left(\theta_c - \dfrac{x_r}{r_p}\right) - B_c\dot{\theta}_c \\[3mm]
T_s = k_c\left(\theta_c - \dfrac{x_r}{r_p}\right)
\end{cases}
\tag{5.22}
$$

由式（5.1）和式（5.22）构建 EPS 系统的非线性状态空间方程

$$
\begin{cases}
\dot{x} = Ax + B_1 w + B_2 u \\
z = C_1 x + D_{11} w + D_{12} u \\
y = C_2 x + D_{21} w + D_{22} u
\end{cases}
\tag{5.23}
$$

式中，状态变量 $x = (\theta_c \quad \dot{\theta}_c \quad x_r \quad \dot{x}_r \quad \beta \quad r)^T$；控制输入 $u = T_a$；干扰输入 $w = (T_h \quad F_r)^T$；受控输出 $z = (T_s \quad \beta \quad r)^T$；量测输出 $y = T_s$；A、B_1、B_2、C_1、C_2、D_{11}、D_{12}、D_{21}、D_{22} 分别为相应矩阵。系统传递函数矩阵为

$$
G = \begin{bmatrix} G_{11} & G_{12} \\ G_{21} & G_{22} \end{bmatrix} = \left[\begin{array}{c|cc} A & B_1 & B_2 \\ \hline C_1 & D_{11} & D_{12} \\ C_2 & D_{21} & D_{22} \end{array} \right]
\tag{5.24}
$$

设计 EPS H_∞ 控制器并用线性矩阵不等式求解，以提高转向轻便性和操纵稳定性，使驾驶员有良好的路感。为保证驾驶员的路感，取权函数

$$
W(s) = \frac{30.5}{0.000296 s^3 + 0.013333 s^2 + 0.2s + 1}
$$

通过计算，得到 H_∞ 控制系统的最佳性能指标为 $\gamma = 0.8823$。因此基于鲁棒控制理论的控制器 K 有解，由 $\|G_g(s)\|_\infty = 0.8823 < 1$，从而证明所设计的控制器能保证被控闭环系统的稳定性。

2. ESP 控制器

ESP 的作用不仅仅局限于在汽车转向行驶时防止车辆出现过多或不足转向；当汽车行驶在对开路面上时，由于两侧轮胎受力的差异，汽车可能会出现偏转，这种情况下 ESP 也能够根据汽车状态对其进行控制，防止出现危险情况；类似的，也能够在车辆高速紧急避障情况下辅助驾驶员对汽车进行控制，避免驾驶员由于紧张往复大幅度转动转向盘而导致的汽车激转。

对于所设计 ESP 与 EPS 协调控制系统结构，子系统的执行器主要是 ESP 的液压制动系统和 EPS 的助力电机。根据车辆传感器信号获取车辆实际横摆力偶矩，并由参考车辆模型求出理想横摆力矩，计算出使车辆保持稳定的附加横摆力偶矩 ΔM，从而计算出相应轮的附加制动压力 ΔP，对相应的制动轮轮缸进行压力控制。所以根据需要，本节对 ESP 液压制动系统的基本结构和原理进行了简单说明，并建立了 ESP 液压系统制动器模型，用来建立附加横摆力偶矩 ΔM 与附加制动压力 ΔP 之间的数学模型，并搭建仿真模型。

对 ESP 液压系统制动器建立数学模型[142]

$$PA - F_{K0} = m_b \ddot{x}_b + C_b \dot{x}_b + K_b x_b \tag{5.25}$$

式中，A 为活塞横截面积；F_{K0} 为系统干摩擦力；m_b 为活塞体等效运动质量；x_b 为活塞位移；C_b 为粘性阻尼；K_b 为制动器等效刚度。

活塞的动态正压力

$$F_N = C_b \dot{x}_b + K_b x_b \tag{5.26}$$

对其进行拉式变换得

$$s^2 x_b(s) + 2s\omega_n\xi \cdot x_b(s) + \omega_n^2 x_b(s) = (P(s) - F_{K0})/m_b \tag{5.27}$$

式中，$\omega_n^2 = K_b \big/ m_b$，$\omega_n$ 为制动器的固有频率；$\xi = C_b \Big/ 2\sqrt{K_b m_b}$ 为制动器阻尼系数。

忽略掉干摩擦的作用，活塞的正压力为

$$F_N(s) \approx K_b x_b = \frac{P(s)A}{1 + \dfrac{2s\omega_n\xi + s^2}{\omega_n^2}} \tag{5.28}$$

制动力矩可表示为

$$T_b(s) = K_e F_N(s) r_e \tag{5.29}$$

式中，K_e 为效能系数，通过实验可以测得；r_e 为制动盘有效制动半径。

通过式（5.28）和式（5.29）可以得到制动力矩和轮缸压力之间的传递函数

$$\frac{T_b(s)}{P(s)} = \frac{K_e A r_e}{1 + \dfrac{2s\omega_n\xi + s^2}{\omega_n^2}} \tag{5.30}$$

单个车轮制动时，每个车轮产生的附加横摆力矩如式（5.31）所示

$$\begin{cases} \Delta M_1 = \dfrac{B}{2} F_{x1} \cos\delta_w + a F_{x1} \sin\delta_w \\[2mm] \Delta M_2 = -\dfrac{B}{2} F_{x2} \cos\delta_w + a F_{x2} \sin\delta_w \\[2mm] \Delta M_3 = \dfrac{B}{2} F_{x3} \\[2mm] \Delta M_4 = -\dfrac{B}{2} F_{x4} \end{cases} \tag{5.31}$$

根据式（5.31）可以求得所需附加横摆力矩下单个车轮制动时的纵向力增量 F_d。对于单个车轮，运动模型如下

$$I_{\omega_i} \frac{d\omega_i}{dt} = T_t - T_b - Fr_0 \tag{5.32}$$

式中，r_0 为车轮滚动半径，ω_i $(i = 1 \sim 4)$ 分别为左前轮、右前轮、左后轮、右后轮的轮速，可由轮速传感器测得，制动时轮胎的驱动力矩 $T_t = 0$（正常行驶时也可由发动机输出转矩进行计算），则可以求得对单个车轮制动时轮胎纵向力增量

$$F_d = -\frac{1}{r_0}(I_{\omega_i}\frac{d\omega_i}{dt} + T_b) \tag{5.33}$$

根据求得的制动器制动力矩 T_b 与轮缸液压力 P 之间的传递函数以及由附加横摆力矩求得的单个车轮制动时制动压力增量，便可建立 ESP 的仿真模型。

ESP 控制器采用滑模控制策略，取滑模面为

$$s = r - r_d + \xi(\beta - \beta_d) \tag{5.34}$$

滑模面定义了横摆角速度和质心侧偏角误差的加权组合。微分后得

$$\dot{s} = \dot{r} - \dot{r}_d + \xi(\dot{\beta} - \dot{\beta}_d) \tag{5.35}$$

$$\dot{s} = \frac{1}{I_z}(l_f(F_{yfl} + F_{yfr})\cos\delta - l_r(F_{yrl} + F_{yrr}) + (\cos\delta + \rho)\Delta M) - \dot{r}_d + \xi(\dot{\beta} - \dot{\beta}_d) \tag{5.36}$$

取控制律为

$$\dot{s} = -\eta s \tag{5.37}$$

得到差动制动中的横摆力矩

$$\Delta M = \frac{I_z}{\rho + \cos\delta} \left(\begin{array}{c} -\dfrac{l_f}{I_z}(F_{yfl} + F_{yfr})\cos\delta - \eta s + \dot{r}_d \\ +\dfrac{l_r}{I_z}(F_{yrl} + F_{yrr}) - \xi(\dot{\beta} - \dot{\beta}_d) \end{array} \right) \tag{5.38}$$

前轮理想的差动纵向轮胎力

$$\Delta F_{xf} = \frac{2\Delta M}{l_w} \tag{5.39}$$

ΔF_{xf} 通过选择左右前轮制动压力来控制

$$P_{bfl} = P_0 - c\frac{\Delta F_{xf}r_e}{A_w\mu_b R_b} \tag{5.40}$$

$$P_{bfr} = P_0 + (1-c)\frac{\Delta F_{xf}r_e}{A_w\mu_b R_b} \tag{5.41}$$

式（5.36）至式（5.41）中，P_0 为初始差动制动时刻车轮处测得的制动压力；c 为

常数，$0 \leqslant c \leqslant 1$；$\rho$ 由前后轮制动力比值决定；l_w 为轮距；A_w 为摩擦块面积；μ_b 为摩擦块摩擦系数；R_b 为轮心与摩擦块中心的距离；P_{bfl}、P_{bfr} 分别为左前轮和右前轮的制动压力。

5.5 计算机仿真分析

EPS/ESP 分散控制是指 EPS、ESP 两者相对独立地同时工作，为验证此协调控制策略的有效性，本研究与 EPS/ESP 分散控制及功能分配协调控制[117]进行相同工况下的结果对比。

仿真工况如下：双移线工况车速设置为 80 km/h，路面附着系数为 0.3。根据优化问题实际情况，种群规模（Population Size）为 200，Pareto 前沿个体系数 Pareto Fraction 为 0.35，最大进化代数为 100，交叉概率（Crossover Fraction）为 0.9，变异概率为 0.1。利用 Matlab 编写 NSGA-II 程序，调用建立的协调控制 Simulink 模型进行仿真。仿真结果如图 5.11 至图 5.13 所示。

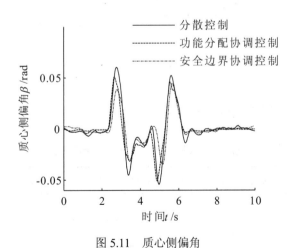

图 5.11　质心侧偏角

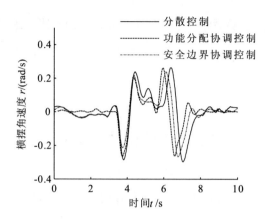

图 5.12　横摆角速度响应

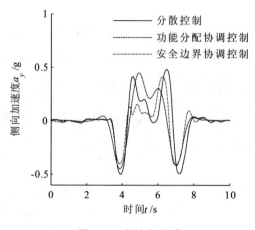

图 5.13　侧向加速度

双移线仿真工况性能指标见表 5.2。

表 5.2　双移线仿真工况性能指标对比

控制方式	质心侧偏角均方根/rad	横摆角速度均方根/（rad/s）	侧向加速度总方差/g
分散控制	0.0183	0.1096	0.0422
功能分配协调控制	0.0162	0.0935	0.0313
安全边界协调控制	0.0149	0.0914	0.0297

与分散控制和功能分配协调控制相比，基于安全边界的协调控制策略质心侧

偏角均方根减小 18.58%、8.02%，横摆角速度均方根减小 16.61%、2.25%，侧向加速度总方差减小 29.62%、5.11%。

综上，与分散控制和功能分配协调控制进行对比，基于汽车行驶安全边界的 EPS/ESP 协调控制方法能够提高汽车的操纵性和稳定性。

5.6　ESP 硬件在环试验

ESP 一般包括三部分：传感器、电子控制单元 ECU 和液压控制单元 HCU。传感器主要有：转向盘转角传感器、轮速传感器、陀螺仪（用来测横摆角速度、纵向加速度和侧向加速度）、节气门开度传感器、制动主缸/轮缸压力传感器。ECU 一般采用嵌入式系统如 ARM 或 DSP，包括传感器信号调理电路、电磁阀控制电路、CAN 总线通讯电路、泵电机控制电路、检测及保护电路等部分；HCU 主要由电磁阀和泵电机组成，同时还包括一个特制的液压回路模块。首先介绍 ESP 的增压过程、保压过程、减压过程。

5.6.1　ESP 的工作原理

液压制动回路为 X 型布置，进行主动增压的车轮，图 5.14 中为左后轮的增压阀保持断电打开状态，右前轮的增压阀通电关闭，左后-右前轮一侧的限压阀 2 通电关闭，吸入阀 2 通电打开，X 型回路另一侧的限压阀 1 通电关闭，电机通电驱动柱塞泵 2 工作，制动液从主缸→吸入阀→柱塞泵→增压阀→轮缸，从而实现左后轮内的增压。

电机在保压阶段，仍处于通电状态，驱动柱塞泵往复运动，但由于柱塞泵入口和制动主缸的液压回路，已被吸入阀隔离。因此，即使柱塞泵在工作状态，但由于无法吸入制动液，故柱塞泵出口的压力也不会升高，从而实现了整个系统的压力保持，如图 5.15 所示。

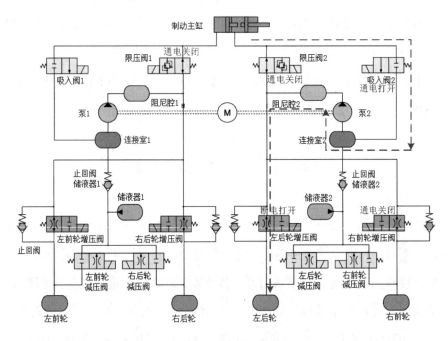

图 5.14　ESP 增压过程

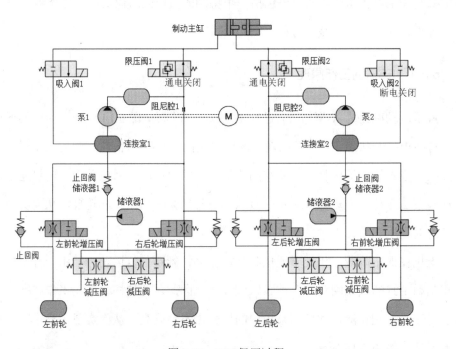

图 5.15　ESP 保压过程

在减压过程中，所有电磁阀保持断电初始状态，电机也断电不再驱动柱塞泵工作。此时，由于制动踏板并未踩下，制动主缸无压力，制动轮缸的压力高于主缸，制动液在压力的作用下，直接经增压阀→限压阀返回主缸，完成减压过程。在 ESP 减压阶段，并不像 ABS 减压阶段时，需要利用柱塞泵的回流功能，将制动液从轮缸泵回主缸。这是因为 ABS 工作时，制动踏板已踩下，制动主缸有压力，且大于制动轮缸的压力，因此在压力的作用下，制动液是无法从轮缸回到主缸的，因此必须借助柱塞泵的回流功能。而在 ESP 减压时，由于轮缸压力高于主缸，制动液会从轮缸直接回流到主缸，故需关闭全部电磁阀。减压过程如图 5.16 所示。

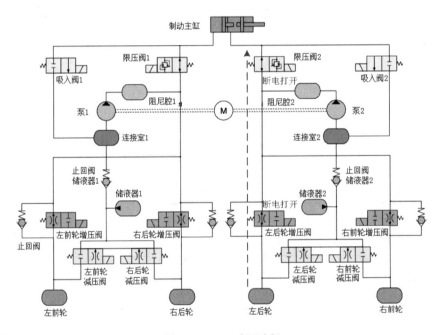

图 5.16　ESP 减压过程

5.6.2　ESP 试验台介绍

ESP 试验台的 CAN 总线收发器接受转角传感器的 CAN 总线信号，数据采集卡采集油门踏板位移传感器、轮缸压力传感器的信号，并将信号传给实时运行的模型，实时模型通过 CAN 总线与 ESP 控制器实现信息传递。试验者观察上位机中的三维动画，通过操纵单元中的转向盘等实现对汽车运动的控制。ESP 硬件在环试验台总体方案如图 5.17 所示。

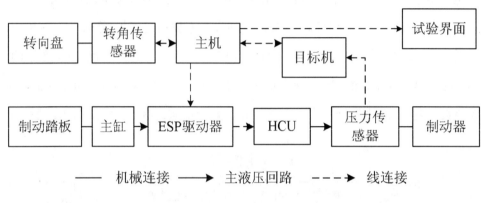

图 5.17　ESP 硬件在环试验台总体方案

5.6.2.1　ESP 试验台硬件

表 5.3 为试验台用到的主要部件。

表 5.3　ESP 试验台部件组成

部件	名称
主机	人机交互，数据采集与存储
实时处理系统	LabVIEW 软件 RT 模块
I/O 板和信号调节	模拟、数字、PWM、轮速信号等
总线系统	CAN 总线
作动器	轮缸、真空助力器、制动管路、制动钳
实际子系统	ESP 子系统
传感器	转角传感器、油门踏板行程传感器、轮缸压力传感器制动信号、车速信号、发动机转速信号（软件模拟）

ESP 传感器的装车布置见表 5.4。

表 5.4　ESP 传感器的装车布置

ESP 传感器	装车位置
ECU+HCU	前舱左侧靠近轮罩
转向角传感器	转向盘下的组合开关
ESP 报警灯	仪表盘
轮速传感器（与 ABS 通用）	四个车轮的转向节上
侧向加速度、横摆角速度传感器	副驾驶座椅下方偏后位置

1. 机械部分

　　ESP 硬件在环试验台主要包括操纵机构、液压制动系统、液压单元及硬件电路等。操纵机构主要有转向盘、加速踏板、制动踏板，试验操作人员可通过操纵机构模拟实车驾驶，实现"人-车-路"闭环系统。制动系统主要包括制动踏板、真空助力器、制动主缸、制动器及制动管路。本试验台针对某型轿车，前后轮均采用盘式制动器，由于试验台上车轮不能转动、保持静止，试验中只需控制各轮缸压力，故为简化，通过机械支架将四个制动器分别固定在四个制动盘上。图 5.18（a）（b）分别为车载液压单元及本试验台改装而成的液压单元及 ECU 控制板。

（a）车载液压单元　　　　　　　　　（b）改装后的试验台液压单元

图 5.18　液压控制单元

电子稳定性控制系统液压单元主要由 12 个电磁阀、节流阀、低压蓄能器、单向阀、电动机、泵等组成。试验台液压回路采用 X 型制动回路。电磁阀包括增压阀、减压阀、吸入阀、隔离阀，其中增压阀与减压阀用于正常制动及 ABS 中控制四个轮缸的压力，吸入阀和隔离阀为专用阀，用于在非制动条件下产生压力。当汽车稳定行驶或静止时，ESP 不工作，所有电磁阀均未通电，此时增压阀与隔离阀开启，制动主缸与轮缸之间的油液管路形成通路，而吸入阀与减压阀关闭，使低压蓄能器与轮缸之间的油液管路断开。

经反复试验测试，得出表 5.5 所示的对应关系。

表 5.5　芯片引脚-电路板接口-电磁阀线圈-制动管路之间的对应关系

芯片引脚	电路板接口	电磁阀线圈	制动管路
PP3	1	右 3	VL 左前
PT4	2	右 6	VL 左前
PT6	3	右 2	HR 右后
PT7	4	右 5	HR 右后
PP4	5	左 3	HL 左后
PP5	6	左 6	HL 左后
PP6	7	左 2	VR 右前
PP7	8	左 5	VR 右前
PA0	9	右 1	HZ1
PA1	10	右 4	HZ1
PA2	11	左 1	HZ2
PA3	12	左 4	HZ2
GND	13		
PA4	14	泵	
PA5	15		

2. 信号处理系统

信号处理系统包括数据采集卡、传感器及驱动电磁阀、泵电机等设备的电路。与实车 ESP 系统不同，试验台中用到的部分参数变量需要通过建立的车辆模型来模拟。

（1）转向盘转角传感器。转向盘转角传感器（SAS）主要用于测量汽车转向时转向盘的旋转角度，它广泛应用于汽车动力稳定性控制系统中。其精度、稳定性与行车安全关系密切。多应用于自适应前照灯系统（AFS）、导航及辅助驾驶系统（ADAS）、ESP、智能泊车系统（PLA）、EPS 等系统中。它是实现 ESP 的关键部件之一，不仅监测转向盘的转动角度，还提供给 ECU 系统相关信号作为 ESP 控制的依据。所选取的转向盘转角传感器为多圈绝对角度输出方式，可以监测转向盘多圈旋转时的绝对角度。此转角传感器采用+12V 直流供电，其输出信号加入 CAN 协议后注入整车 CAN 网络，供 EPS 系统、ESP 系统等多个系统使用。转角传感器直接输出绝对转角角度，测量范围±720°，超出量程后，需要重新上电后标定零位。本台架中转向盘信号与 CAN 总线连接，进行数据传输。本试验台转角传感器及其安装如图 5.19 所示。

图 5.19　转角传感器及其安装

（2）加速踏板传感器。本研究中加速踏板传感器监测踏板转角，试验过程中采集瞬时踏板位置信号，并将此信号转化为电压信号传递给车辆模型。将加速踏板的位置开度范围设为 0～100%，对应传感器输出的电压范围为 0～5V。车辆模型中节气门开度范围为 0～90%，标定后使加速踏板开度范围与节气门开度范围线性关联。位置传感器的工作电压为 5V，电子油门通过转轴和位置传感器内部的可变电阻连接，位置传感器的位置随加速踏板的位置改变而改变，其内部的电阻也发生变化，可变电阻与接地端之间的电压便会改变，ECU 再将此电压转化为电子油门的实际位置。电子油门位置传感器一般同时输出两路信号，可保证输出信号的可靠性。

首先进行油门踏板传感器的标定，标定结果表明该压力传感器是两路模拟量信号，信号 1 的电压信号是信号 2 的两倍。信号 1、2 的电压变化范围分别为 0.79～4.86V、0.41～2.43V。

（3）轮缸压力传感器。试验台中四个制动管路中均安装了压力传感器，监测各轮缸的压力。压力传感器的精度为 0.5%FS，量程范围为 0～250bar。

（4）板卡。试验台信号处理系统选用的数据采集卡包括美国 NI 公司的数据采集卡 PCI-6221 和 CAN 通信卡 PCI-8512。PCI-6221 是精度很高的 32 位数据采集卡，板卡支持 4 路 16 位的模拟量输出，数字有 48 个 I/O 口，有两个 80 MHz 的计数器，能方便地完成试验台的信号处理，同时支持模拟和数字信号的输入/输出，数据采集卡通过一个转接板与外部信号交换信息。PCI-8512 是一种单 CAN 端口的高速通信卡，同时配有板载 TJA1041 收发器。CAN 接口都配有 NI-CAN 设备驱动软件，使用 NI-XNET 驱动，可同步进行 CAN 信号与 DAQ 数据采集。数据采集卡和 CAN 通信卡各通道的功能分配见表 5.6。

表 5.6　I/O 通道功能分配

板卡	通道分配
PCI-6221	ai4：电子油门信号输入 ai7～10：轮缸压力信号采集
PCI-8512	转向盘转角信号采集 车速信号输出 发动机信息输出

5.6.2.2　ESP 试验台的软件

1. CarSim 软件

本试验台的软件采用 MSC 公司开发的车辆动力学仿真软件 Carsim。它用最简洁易懂的界面将整车开发、仿真、结果等呈现出来，省去了 ADAMS 等结构化软件的用户编程和建模调试等一系列复杂过程。CarSim 可以仿真车辆对驾驶员、路面及空气动力学输入的响应，主要用来仿真整车的操稳性、平顺性、制动性、经济性和动力性，同时广泛地用于现代汽车控制系统的开发。

CarSim 中整车模型有 27 个自由度，见表 5.7。车辆动力学模型中包含悬架、转向系、轮胎、制动系等子系统模型，它们既可在计算机内部离线仿真，又可以在去掉部分模型后，连接外部的硬件进行半实物仿真。CarSim 可以扩展为 CarSim RT，CarSim RT 是实时车辆模型，提供与一些硬件实时系统的接口，可联合进行 HIL 仿真。

表 5.7　Carsim 车辆模型中的自由度

自由度	数量
簧载质量的移动自由度（X，Y，Z）	3
簧载质量的转动自由度（X，Y，Z）	3
非簧载质量自由度	4
车轮旋转自由度	4

自由度	数量
传动系旋转自由度	1
轮胎瞬态特性自由度	8
制动压力自由度	4
总数	27

2. LabVIEW 软件

LabVIEW 是由美国国家仪器公司（National Instruments，NI）创立的一个功能强大而灵活的仪器和分析软件应用开发工具，它是 Laboratory Virtual Instrument Engineering Workbench（实验室虚拟仪器集成环境）的简称，是一种基于 G 语言（Graphics Language，图形化编程语言）的测试系统软件开发平台。目前，LabVIEW 已经成为测试领域应用最广泛和最有前途的软件开发平台之一。NI 公司率先提出"虚拟仪器"（Virtual Instruments）的概念，它将实际仪器以软件的形式装入计算机，以通用的计算机硬件及操作系统为依托，实现各种仪器功能。虚拟仪器技术的优势在于可由用户定义自己的专用仪器系统，且功能灵活，容易构建，所以应用广泛，目前在车辆工程领域，虚拟仪器主要用于车辆设计、研究、生产控制、检测维修等。常见的虚拟仪器方案如图 5.20 所示。

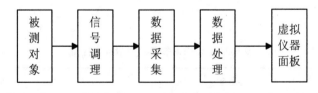

图 5.20　虚拟仪器方案结构图

LabVIEW 集成了与满足 GPIB、VXI、RS-232 和 RS-485 协议的硬件及数据采集卡通信的全部功能。它还内置了便于应用 TCP/IP、ActiveX 等软件标准的库函数。这是一个功能强大且灵活的软件。利用它可以方便地建立自己的虚拟仪器，其图形化的界面使得编程及使用过程都生动有趣。LabVIEW 包括控制与仿真、高级数字信号处理、统计过程控制、模糊控制、PDA 和 PID 等众多附加软件包，可运行于 Windows、Linux、Macintosh 和 UNIX 等多种平台。LabVIEW 与其他计算机语言的显著区别是：其他计算机语言都是采用基于文本的语言产生代码，而 LabVIEW 使用的是图形化编辑语言 G 编写程序，产生的程序是框图的形式。图形化的程序语言，又称为 G 语言。使用这种语言编程时，基本上不写程序代码，取而代之的是流程图或框图。它尽可能利用了技术人员、科学家、工程师所熟悉的术语、图标和概念。LabVIEW 的执行顺序依框图间数据的流向决定，而不像一般通用的编程语言逐行执行。在编写框图程序时，只需从功能模块中选用不同的函数图标，然后再以线条相互连接，即可实现数据的传输。因此，LabVIEW 是一个面向最终用户的工具。它可以增强构建自己的科学和工程系统的能力，提供了实现仪器编程和数据采集系统的便捷途径。使用它进行原理研究、设计、测试并实现仪器系统时，可以大大提高工作效率。

LabVIEW 程序结构主要包括两部分：前面板（即人机界面）和框图程序。前面板用于模拟真实仪器的面板操作，它包含各种控件和指示器，可设置输入数值、观察输出数值以及实现图表、文本等显示。框图程序应用图形编程语言编写，相当于传统程序的源代码。其用于传送前面板输入的命令参数到仪器以执行相应的操作。框图中包含的端子相当于前面板上的控件和指示器，框图中还包含常量、函数、子 vi、结构以及将数据从一个对象传送到另一个对象的连线。LabVIEW 的强大功能还在于层次化结构，用户可以把创建的 VI 程序当作子程序调用，以创建更复杂的程序，而且调用阶数可以是任意的。

综上可知，LabVIEW 作为测试软件开发平台具有如下特点和优点：

（1）图形化编程环境。LabVIEW 的基本编程单元是图标，不同的图标表示不同的功能模块。用 LabVIEW 编写程序的过程也就是将多个图标用连线连接起来的过程，连线表示功能模块之间存在数据的传递。被连接的对象之间的数据流控制着执行顺序，并允许多个数据通路同步运行。其编程过程近似人的思维过程，直观易学，编程效率高，无须编写任何文本格式的代码。

（2）可重用性高。LabVIEW 继承并发展了结构化和模块化程序设计概念，使测试程序很好地体现分层化、模块化。

（3）支持多种仪器和数据采集硬件的驱动。LabVIEW 提供了数百种仪器的数码级驱动程序，包括 DAQ、FPGA 等驱动程序，根据需要还可以在 LabVIEW 中自行开发各种硬件驱动程序。

（4）开发功能高效、通用。LabVIEW 是一个带有扩展功能库和子程序库的通用程序设计系统，提供数百种功能模块（类似其他计算机语言的子程序或函数），包括算术计算、函数计算、信号采集、数据存取、信号分析处理、数据通信等功能模块，涵盖了测试的各个环节，通过拖放及简单的连线，就可以在极短的时间内设计好一个高效而实用的测试软件，再配以相应的硬件就可完成各种测试任务。

3. 整车信号网络模块的搭建

控制器局域网（Controller Area Network，CAN）是目前应用最广泛的现场总线之一。CAN 具有准确、实时、高速的特点，可解决车载网络中大量信息交换及共享的需要，最大通信速率达 1Mbps，最远传输距离达 10km。CAN 总线通信接口集成了 CAN 协议的物理层和数据链接层的功能，可完成对通信数据的成帧处理，每一帧可以为 0～8 个字节。

由于 ESP 系统需要较高的实时性，本试验台采用与实车系统相同的 CAN 通讯，波特率为 250kbps。将需要传送的信号定义不同的 ID，传输时低位在前、高位在后。转向盘转角、车辆行驶过程中各状态参数、发动机控制参数均通过报文形式发送到 CAN 网络进行传输。转向盘信号由转向盘传感器传送，车辆状态参数如横摆角速度、质心侧偏角、侧向加速度、发动机信号等均从车辆模型发送至 CAN 总线上，再发送到 ESP 的 ECU 模块。

Carsim 整车模型的车速、发动机转速、轮速等信号输出给 ESP 系统，模拟其工作的整车信号环境，ESP 系统的制动踏板、油门踏板及轮缸压力传感器等信号经传感器采集后输送给 Carsim 整车模型，整个计算过程中车辆、道路的三维影像及整车状态参数分别通过 Carsim 以及 LabVIEW 程序实时显示，实现"人-车-路"的 ESP 硬件在环试验。

5.6.3　ESP 控制硬件在环试验

根据研究需要，基于 LabVIEW 和 Carsim 软件编写程序。压力信号采集的 LabVIEW 程序和 Carsim 联合仿真的界面如图 5.21、图 5.22 所示。

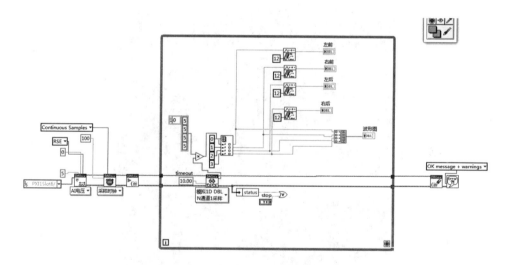

图 5.21　压力信号采集的 LabVIEW 程序

ESP 试验现场如图 5.23 所示。

进行车速为 80km/h、路面附着系数为 0.4 的双移线试验。图 5.24 至图 5.27 分别为横摆角速度响应、质心侧偏角、质心侧偏角与横摆角速度的关系、轮缸制动压力的试验结果。

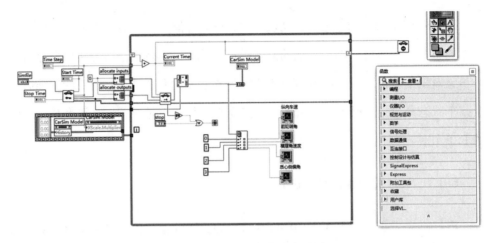

图 5.22　Carsim 联合仿真界面

图 5.23　ESP 试验现场

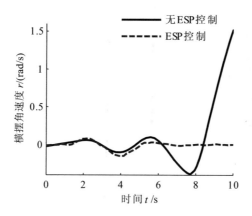

图 5.24　横摆角速度响应

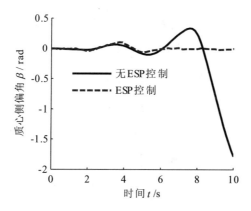

图 5.25　质心侧偏角

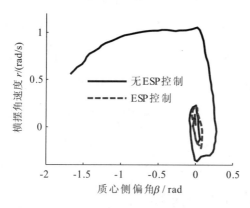

图 5.26　质心侧偏角与横摆角速度关系

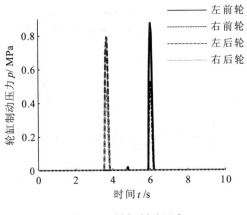

图 5.27　轮缸制动压力

从图 5.24 中可以看出，未施加 ESP 控制的车辆失去了控制，其质心侧偏角明显大于施加 ESP 控制的车辆；从图 5.25 质心侧偏角与横摆角速度的关系可以看出，施加 ESP 控制的车辆未偏离稳定性区域，而未施加 ESP 控制的车辆明显地偏离了稳定区域。图 5.26 为轮缸制动压力的变化情况，此差动制动使汽车稳定行驶。

5.7　本章小结

根据后轴饱和特性和汽车运动学变量、车辆参数之间的内在联系，确定了由汽车行驶状态、车辆参数及利用车载 EPS 信号估计到的路面附着系数等决定的汽车行驶安全边界，基于此汽车行驶安全边界，介绍一种 EPS/ESP 的协调控制策略。设计了汽车底盘分层协调控制系统，即 EPS 采用 H_∞ 控制，ESP 采用滑模变结构控制。汽车在不同状态下，上层协调控制器根据汽车行驶安全边界计算出各控制器的动态协调控制因子，并对动态协调控制因子进行优化，以使汽车运行在安全边界之内并提高汽车性能。通过仿真分析，验证了此 EPS 与 ESP 协调控制策略，改善了汽车的各项性能，能够有效保障汽车的行驶稳定性。搭建 ESP 硬件在环试验台，验证了 ESP 控制策略的有效性。

第 6 章　EPS/ESP 协调控制试验

第 5 章对 EPS/ESP 协调控制系统进行了特定工况下的仿真研究，为了进一步验证控制策略的有效性，本章分别设计了 EPS 控制器、ESP 控制器以及 EPS/ESP 协调控制器，进行了实车试验。

6.1　EPS 控制系统

6.1.1　硬件电路

EPS 控制器硬件电路由电源模块、单片机模块、驱动电路模块、接口电路、故障诊断等模块组成。电源模块将 DC 12V 转换成单片机及其他芯片正常工作所需要的低压直流电源，单片机模块运行 EPS 的控制程序接口电路为单片机和 EPS 外部传感器之间信息传递的桥梁，外部传感器信号通过接口电路转换成单片机可以识别的信号，单片机根据接受到的传感器信号进行分析、判断驾驶员的操纵意图以及车辆的运行状态。驱动电路将单片机输出的 SVPWM 波形信号进行放大，产生三相正弦波，驱动永磁同步电机，产生合适的助力矩。故障诊断模块的硬件部分主要有温度检测和电压检测模块，实时检测 EPS 系统的工作电压及功率驱动模块的温度。软件部分通过定时器精确定时控制故障诊断程序的执行周期，故障诊断程序周期性地检测系统运行过程中的各状态信息。故障诊断模块实时地检测系统的工作状态，当系统出现任一故障时，故障诊断模块会给出相应的输出。EPS 控制器硬件电路的总体架构如图 6.1 所示。

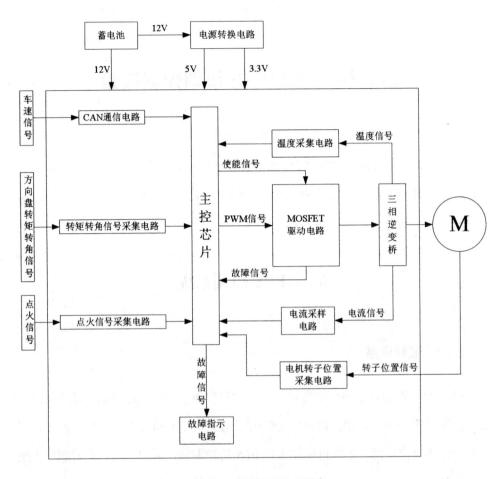

图 6.1　EPS 控制器总体架构

6.1.2　软件程序

设计的 EPS 控制程序分为上下两层，如图 6.2 所示：上层是 EPS 决策程序，下层是永磁同步电机的驱动程序。上层程序通过采集 EPS 传感器信号、CAN 总线信号，判断出 EPS 的控制模式，根据 EPS 传感器信号查询对应控制模式下的数据表格，确定电机目标电流值；下层电机驱动程序通过实时检测电机的相电流、电机的转子位置信号，采用磁场定向控制（FOC）的方法，实现永磁同步电机的闭

环控制。上层体现的是 EPS 控制策略,下层体现的是 PMSM 控制策略。上层 EPS
决策程序计算出电机的目标驱动电流,下层程序通过闭环控制跟踪上层程序给出
的目标电流,完成 EPS 系统的控制目标。

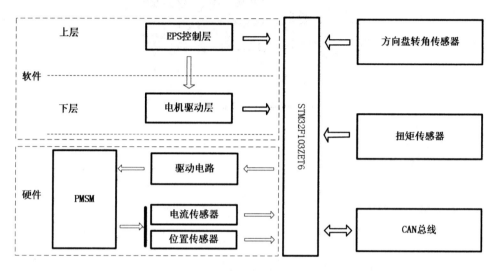

图 6.2　EPS 控制系统的层次结构

6.2　ESP 控制系统

6.2.1　硬件电路

ESP ECU 采用 Freescale MC9S12XS128 芯片,ESP 控制器硬件电路主要包括
电源电路、芯片电路、时钟电路、电磁阀驱动电路、回液泵电机驱动电路、轮速
采集电路、制动踏板电路、复位电路以及 CAN 通信电路。ESP 控制器硬件电路如
图 6.3 所示。

图 6.3　ESP 控制器硬件电路实物图

6.2.2　软件程序

差动制动和驱动力控制有 3 种方式：对车轮主动制动、控制差速器、驱动力控制。由于 TCS 和 ABS 的发展，控制汽车驱动力和制动力实现起来较第一种方法容易，本系统采用主动制动控制的方式控制汽车的稳定性。

软件设计包括芯片各模块的初始化程序、车轮轮缸压力传感器信号 A/D 转换与处理程序、车速信号获取程序、回油泵和电磁阀控制程序、转向盘转角传感器信号 CAN 接收及处理程序以及利用控制器原型快速代码生成的控制策略程序。采用模块化的设计思想，进行系统软件设计。在由 Metrowerks 公司开发的 CodeWarrior 集成开发环境中，将所写的程序编辑、编译完毕后，可通过 BDM 下载器下载到芯片中，再在 TBDML 环境下进行程序的调试。

当汽车电子稳定性控制程序开始工作时，先通过各种传感器以及从 CAN 总线上获得汽车的相关状态信号，例如转向盘转角信号、车速信号、制动信号、油门踏板信号、质心侧偏角信号及横摆角速度信号，看汽车是否失稳，如果汽车实际状态在稳定区域内，则不进行控制；否则，就要根据给出的相应控制算法计算出目标横摆力矩，然后选择相应的制动车轮，并计算制动力的大小，最后控制油泵和相关制动轮缸的电磁阀来实现对汽车的差动制动，最终使汽车保持稳定。

ESP 系统先接收各传感器和 CAN 信号，根据上层协调控制器确定的 ESP 协调控制因子确定出 ESP 起作用的权重。若 ESP 的动态协调因子为 0，则 ESP 不起作用；若非零，则 ESP 起作用。通过滑模控制算法确定目标横摆力矩，再通过制动力分配规则计算对各车轮的制动力，从而控制泵及相应的轮缸电磁阀。具体控制结构如图 6.4 所示。

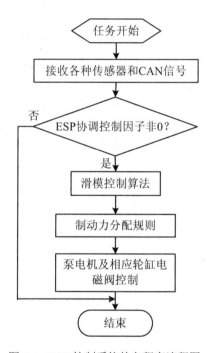

图 6.4　ESP 控制系统的主程序流程图

6.3　EPS 与 ESP 上层控制器

6.3.1　硬件电路

EPS 与 ESP 上层协调控制器 CPU 采用 32 位 Freescale 单片机 MC9S12XS128MAL，

采集来自汽车的转向轴转角、转矩信号、油门踏板位移信号、制动轮缸压力信号和电动机电流信号等，并将采集到的信号通过 CAN 总线传给各子控制器，同时监控汽车的运行状态，协调各子控制器的运行。上层协调控制系统硬件框图如图6.5 所示。

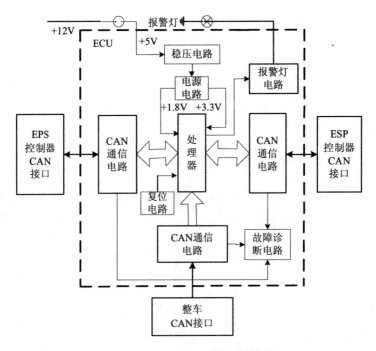

图 6.5　上层协调控制系统硬件框图

　　MC9S12XS128MAL 的工作电压为 5V，由点火系统接口输入 DC 12V，经防接反二极管 D6 后，由 C13 和 C14 滤波，通过 LM2575 稳压集成电路稳压至 5V 输入到芯片 MC9S12XS128MAL，电源模块的电路如图 6.6 所示。

　　转向轴转角、转矩、制动轮缸压力、电动机电流、油门踏板位移等信号通过相应的电阻分压，经电容滤波后输出，实现信号的采集。信号采集电路如图 6.7 所示。

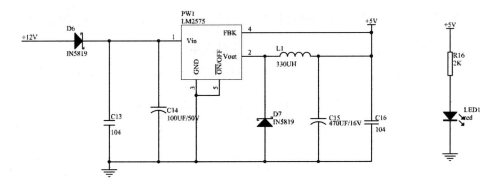

图 6.6 电源电路

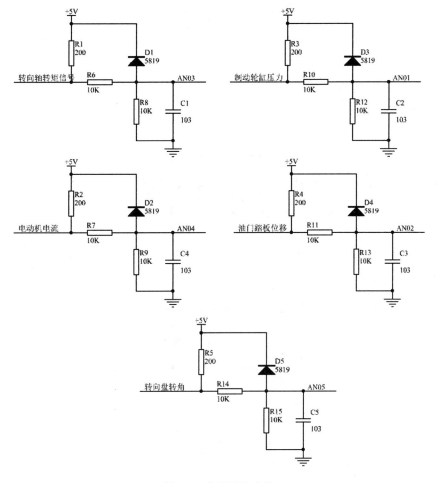

图 6.7 信号采集电路

由于汽车上各电控单元和导线的数量不断增加，故有必要采用 CAN 通信方式来提高电控单元间通信的可靠性和降低生产成本。为了便于协调控制，上层协调控制板扩展了 CAN 通信功能，电路如图 6.8 所示，MC9S12XS128MAL 带有 CAN 接口，CAN 总线收发器由 TJA1050 构成，R28 为 120Ω 的终端电阻。

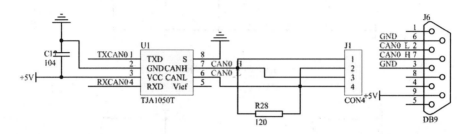

图 6.8　CAN 通信接口电路

车速信号采集电路如图 6.9 所示。

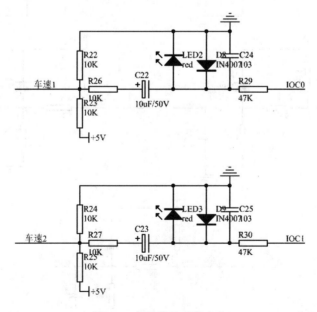

图 6.9　车速信号采集电路

接口电路如图 6.10 所示。

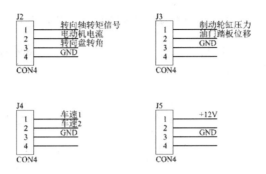

图 6.10　接口电路

BDM 调试接口电路如图 6.11 所示。

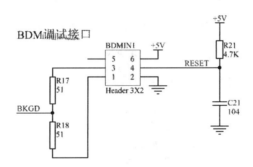

图 6.11　BDM 调试接口电路

EPS 与 ESP 上层协调控制器的硬件实物图如图 6.12 所示。

图 6.12　上层协调控制器硬件实物图

控制器程序采用 C 语言对 MC9S12XS128MAL 芯片进行编程，使用 ADS1.2 开发环境，程序通过 JTAG 仿真后，下载到 MC9S12XS128MAL 芯片内部 Flash，以脱离仿真环境运行。

6.3.2 软件程序

控制系统根据采集到的各传感器的信号，通过调理送给控制器的 ECU，ECU 经过计算、分析输出相应的控制信号给执行机构。根据第 5 章介绍的基于行驶安全边界的 EPS/ESP 协调控制算法，设计了上层协调控制器。将上层协调控制器作为 CAN 发送节点，将 EPS、ESP 控制器作为 CAN 接收节点。进行调试时，CAN 发送程序通过 JTAG 仿真接口下载到上层协调控制器，CAN 接收程序通过 JTAG 仿真接口下载到 EPS、ESP 控制器，通过 CANalyst132 软件进行 CAN 通信的显示。上层协调控制器主程序流程如图 6.13 所示。

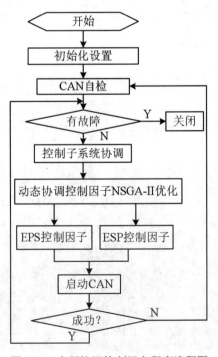

图 6.13　上层协调控制器主程序流程图

6.4　实车试验

6.4.1　试验设备及仪器介绍

1.　VBOX 3iSL 100Hz GPS 数据采集器

英国 Racelogic 公司生产的 VBOX III 数据采集系统基于新一代的高性能卫星接收器，主机能够准确测量的量有：汽车的速度、距离、横纵向加速度值、减速度、MFDD 等；外接各种模块和传感器可采集油耗、加速度、转向角速度及角度、转向力矩、制动踏板位移、制动踏板力、车辆 CAN 接口信息等，系统组成如图 6.14 所示。

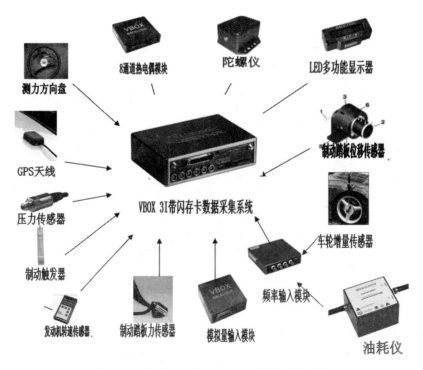

测力方向盘
8通道热电偶模块
陀螺仪
LED多功能显示器
GPS天线
压力传感器
VBOX 3I带闪存卡数据采集系统
制动踏板位移传感器
转向踏板位移传感器
车轮增量传感器
制动触发器
发动机转速传感器
制动踏板力传感器
模拟量输入模块
频率输入模块
油耗仪

图 6.14　基于 GPS 的 VBOX III 数据采集系统

VBOX III SL 具有强大的功能，在于其具有丰富的接口，如 CAN Bus、RS232、USB、Bluetooth、2 路数字输出、2 路模拟输出等，如图 6.15 所示。

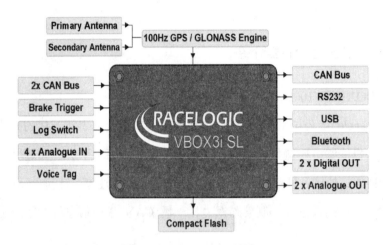

图 6.15 VBOX III SL 接口

2. VBOX 文件管理器

VBOX 文件管理器设计用于加强 VBOX III 的数据采集系统，用户通过文件管理器可以改变文件名和创建新文件，通过操作设备上的可旋按钮实现，通过文件管理器（图 6.16）同样可以对 VBOX III 进行设置。

图 6.16 VBOX 文件管理器

3. GPS 双天线

使用两个放置在固定距离的天线来进行测量，利用 GPS 与俄罗斯 GLONASS 卫星系统，侧偏角测量的 RMS 精度高达 0.04°。VBOX III 双天线系统能够以每秒 100 个样本的速度低延迟地捕捉真实航向角、横摆角速度、侧向速度和纵向速度。该系统提供了一个 VBOX 管理器作为标准配件，用于设置滑移角参数和天线间距。VBOX GPS 引擎会不断地接受所搜索到的卫星那里传来的信息，并精确计算出固定在车辆上的 VBOX 天线的移动情况。数据记录到 CF 卡或 SD 卡上，CAN 总线及 RS232 端口上也会得到同样的数据。

调整天线之间的距离，距离大则采集数据的精度提高。两个天线放置的方向要一致，即 A、B 天线的接线端口成一条直线。电源及天线连接好后，电源红色二极管亮起，指示卫星的绿色二极管会根据接收到的卫星数量闪烁。

4. 测力转向盘

转向扭矩测量量程为±10/100N·m（可切换），输出为±5V DC FS，精度为±0.2%，通过按键，按照转向盘正前方进行偏移量的标定，滤波器采用 Butterworth 模式，3dB/30Hz，当超过 1000N·m 时，采用过载保护。转向角度测量量程为 100°/1000° （可切换），输出为±5V DC，精度<0.005% FS（±1000°），通过按键进行偏移量标定，滤波器采用 Butterworth 模式，3dB/30Hz。转向角速度测量量程为 1000°/s，输出为±5V DC，精度为±0.2%，分辨率< 1°/s，带急停功能，转向角度达到±135°，转向盘处于自动锁死状态。测力转向盘系统如图 6.17 所示。

图 6.17　测力转向盘系统

5. 陀螺仪

惯性测量单元及其方向定义分别如图 6.18、图 6.19 所示。

图 6.18　惯性测量单元

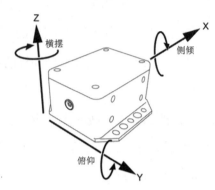

图 6.19　IMU 方向的定义

IMU 陀螺仪的特性见表 6.1。

表 6.1　IMU 陀螺仪的特性

EPS 信号名称	信号类型及数值
横摆角速度范围	±150°/s
加速度范围	±1.7g（每轴向）
横摆角速度分辨率	0.1°/s
加速度分辨率	1mg
总线接口	CAN
温度补偿	内部

通过把 GPS 和惯性测量单元的数据相融合，在 GPS 信号较差的环境下用一个实时的 Kalman 滤波器自动地对 GPS 数据进行校正，同时还能通过 IMU 以 100Hz 的速度计算出当时的俯仰和侧倾角作为一个参考值。借助三个陀螺仪和三个加速度计、滤波器，可生成更多的数据。此方法可以处理 GPS 持续几秒掉线的情况，并保证很高的精度。利用 IMU 提供更光滑、可靠的数据。

以上介绍了试验必需的主要的设备及仪器，在熟悉设备仪器的性能及操作规程的基础上，搭建 EPS/ESP 协调控制实车试验系统，如图 6.20 所示。

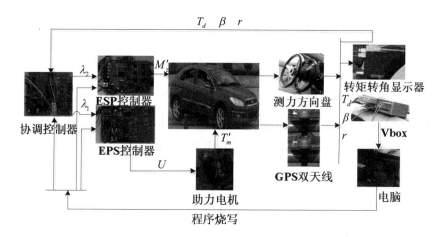

图 6.20　EPS/ESP 协调控制实车试验系统图

做试验是一项严谨、细致、富有挑战性的工作，需要充足的设备仪器保障，为防遗漏，试验用到的主要设备器材列清单见表 6.2。

表 6.2　试验器材清单

名称	数量	名称	数量
EPS 控制电路板	1	ESP 控制电路板	1
上层协调控制板	1	笔记本电脑	1
VBOX III 数采系统	1	陀螺仪	1
测力转向盘	1	转向盘转角转矩显示器	1
GPS 双天线支架	1	逆变器稳压电源	1
蓄电池	3	试验桩	30
软尺	1	连接线	若干

6.4.2 试验软件

1. CodeWarrior IDE 集成编译软件

CodeWarrior 系列集成开发环境（IDE）是 Metrowerks 公司为嵌入式微处理器设计的开发工具。CodeWarrior 包括 IDE、编译器、编辑器、链接器、调试器、汇编程序等。CodeWarrior 提供高度可视且自动化的框架，方便开发人员简便快捷地创建应用。CodeWarrior 开发工作室将尖端的调试技术与健全开发环境的简易性结合在一起，将 C/C++源级别调试和嵌入式应用开发带入新的水平。开发工作室提供高度可视且自动化的框架，可以加速甚至是最复杂应用的开发，因此对于各种水平的开发人员来说，创建应用都是简单而便捷的。它是一个单一的开发环境，在所有所支持的工作站和个人电脑之间保持一致。在每个所支持的平台上，性能及使用均是相同的。无需担心主机至主机的不兼容。

2. VBOX Tools

基于 GPS 的 VBOX 3I 数据采集系统是一种功能强大的仪器。它是新一代的高性能卫星接收器，主机用于测量移动汽车的速度和距离并且提供横纵向加速度值、减速度、MFDD、时间和制动、滑行、加速等距离的准确测量；外接各种模块和传感器可以采集油耗、温度、加速度、角速度及角度、转向角速度及角度、转向力矩、制动踏板力、制动踏板位移、制动风管压力、车辆 CAN 接口信息等其他许多数据。由于其体积较小及安装简便，非常适合汽车综合测试时使用。由于 VBOX 本身带有标准的模拟、数字、CAN 总线接口，整个系统的功能可根据用户的需要进行扩充。

VBOX 3I 保留了 VBOX 3 的所有功能，又增加了一些新的功能，例如 USB 接口、内置蓝牙接口和音频接口用于声音标记。VBOX 3I 的功耗也大大降低从而使得不需要像 VBOX 3 那样带散热器，体积也相应减小。VBOX 3I 的核心由一个 166MHz 的处理器升级到一个 400MHz 处理器且带一个进行浮点数学运算的协处理器，运算速度超过 7.6 亿次/秒。当与 Racelogic 的 IMU 结合使用时，能够进行实时惯性整合，从而在 GPS 信号不好（如桥下、树旁）的情况下，可以利用惯性数据得出准确的速度信号。和 VBOX 3 一样，采集到的数据直接以 100Hz 的速度存储到 CF 卡上，从而容易传输到计算机内。当与一个 DGPS 基站共同使用时，VBOX 3I 能够实现 40cm 绝对定位精度。作为选项，也可实现 2cm 95% CEP（RTK）定位精度，它需要一个 RTK 激活的基站（RLVBBS3）。与以前的 VBOX 模块一样，VBOX 3I 完全兼容所有现存的外部功能扩展模块，包括多功能显示器模块、数字信号输入模块 ADC03、温度模块 TC8、频率输入模块 FIM03 和偏航传感器 YAW03。

VBOX Tools 软件可以和所有 VBOX 数据采集系统配套使用，很容易设置和使用，同时允许用户自定义各种试验类型，同时提供通用试验模板。VBOX Tools 可以方便地对 VBOX 及其相关模块进行设置及调整，还可以多种方式对实时数据进行监控，既可处理实时数据，又可处理离线数据。VBOX Tools 软件界面如图 6.21 所示。

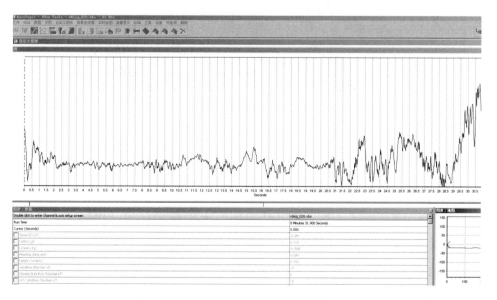

图 6.21　VBOX Tools 软件界面

6.4.3 试验仪器标定

1. GPS 双天线的布置

测量横摆角速度、俯仰、质心侧偏角时，GPS 的双天线前后放置在汽车顶部的水平杆上，水平杆位于汽车质心正上方，且与汽车前进方向的 X 轴方向平行。双天线的距离越远测得的数据越精确。由于放置倾斜的部位会影响精度及产生干扰，故将 GPS A、B 天线固定在车顶车身中心线支架上，A 在后，B 在前，在同一水平高度，避免了直接放在车顶产生的高度偏差，如图 6.22 所示。通过测量天线之间的实际距离，设置距离与测得的天线距离对应。本试验实际放置距离测量值为 1.210m，则在此设置为 1.210。

图 6.22 GPS 双天线放置

2. 仪器调零与校准

试验场地空旷，故能接收到较多的卫星信号，VBOX 上的 Dual 指示灯变绿色，表明卫星信号充足。当 VBOX 上的 Dual 指示灯变绿色后，在 VBOX 文件管理器的可旋按钮上进行操作。接收到的 GPS 卫星数和 Glonass 卫星数分别为 11 和 8（图 6.23、图 6.24），总卫星数为 19，GPS 双天线接收卫星信号良好，满足试验条件。

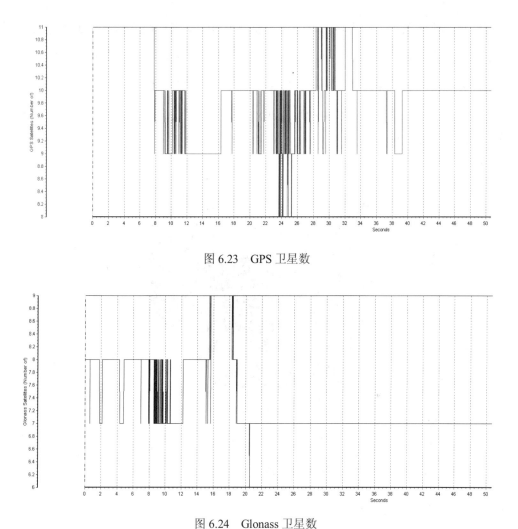

图 6.23　GPS 卫星数

图 6.24　Glonass 卫星数

为确保测量达到最高精度，使双天线尽可能接近车辆的中心线，利用 VBOX 管理程序中的 AUTO ALIGN 功能消除此定位的任何残留误差，使用 AUTO LEVEL 功能可以自动消除任何偏移量，校准过程要求车辆持续一段时间大于 25km/h 的恒速直线行驶（任何的弧形路面或强侧向风都会影响此定位）。

3. 转向盘转角/转矩的标定

根据转矩转角显示器（图 6.25）显示的转角转矩数值，标定转矩的比例关系与转角的比例关系。测力转向盘系统主要用于车辆动态特性的测试，通过固定在车辆转向盘和测力转向盘之间的感应模块，得到转向盘转角和转矩，同时利用 VBOX 综合测试系统和测力转向盘系统，可以对转向盘的转角和转矩进行 100 次/s 的数据采集，得到转向盘转角和转矩的对应曲线，通过曲线分析出车辆在各种状态下的转角和力矩特性，进而全方位地解析车辆性能。

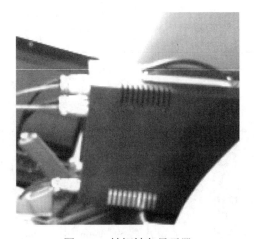

图 6.25 转矩转角显示器

6.4.4 EPS 与 ESP 协调控制试验

1. 试验车型及条件

试验车辆采用奇瑞某车型，该车型配备 EPS、ESP 系统。试验时，将原装的控制器拆下，装上自主开发的 EPS、ESP 控制器，进行实车试验。试验场地选择在 JAC 标准试验场，环境温度在 20～30℃之间，风速不大于 5m/s，满足试验条件。

2. 试验过程

试验时采取三种控制模式：分散控制、基于功能分配的协调控制与基于行驶安全边界的协调控制。分散控制是指上层的协调控制器不起作用，而由底层的 EPS、ESP 控制器分别单独起作用；协调控制是指上层协调控制器通过控制指令协调 EPS、ESP 两系统，以使车辆性能达到最优为目标，从而取得良好的控制效果。

采集到的车身横摆角速度、质心侧偏角、侧向加速度等信号，输入到基于 Freescale 微处理器设计的协调控制器中运算处理，协调控制器的输出信号控制 EPS 直流电机和 ESP 液压控制单元，使其根据安全边界实时调整动态协调控制因子，使汽车性能达到最优。

试验前，将上述控制算法下载到 Freescale 微处理器中。侧向加速度、纵向加速度、转向盘转角、横摆角速度、转向盘转矩等信号经调理后输入到上层协调控制器中；车速、转向盘转矩、横摆角速度等传感器信号经调理后发送到 EPS、ESP 控制器中，信号通过 CAN 总线发送/接收。出于安全考虑，在高附着系数路面上进行试验验证。此时，通过调低软件程序中 ESP 起作用的阈值，以达到预期的控制效果，进行车速为 80km/h 的双移线试验。试验用车及部分仪器设备如图 6.26 所示。

图 6.26　试验车及部分试验仪器

试验结果如图 6.27 至图 6.29 所示。

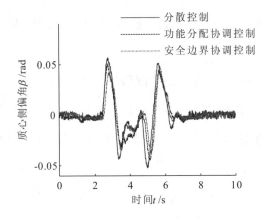

图 6.27　双移线试验质心侧偏角

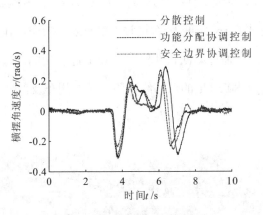

图 6.28　横摆角速度响应

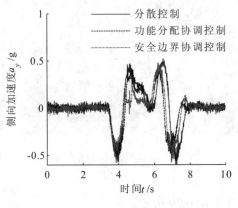

图 6.29　侧向加速度

双移线试验工况性能指标对比见表 6.3。

表 6.3　双移线试验工况性能指标对比

控制方式	质心侧偏角均方根/rad	横摆角速度均方根/（rad/s）	侧向加速度总方差/g
分散控制	0.0180	0.1114	0.0435
功能分配协调控制	0.0160	0.1053	0.0336
安全边界协调控制	0.0148	0.0942	0.0314

由表 6.3 可以得出，双移线试验工况下，与分散控制和功能分配协调控制相比，基于行驶安全边界的协调控制策略质心侧偏角均方根减小 17.78%、7.50%，横摆角速度均方根减小 15.44%、10.54%，侧向加速度总方差减小 27.82%、6.55%。

进行车速为 70km/h 的蛇形穿杆试验，试验结果如图 6.30 至图 6.32、表 6.4 所示。

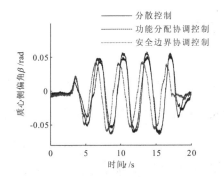

图 6.30　蛇形试验质心侧偏角

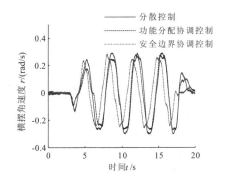

图 6.31　横摆角速度响应

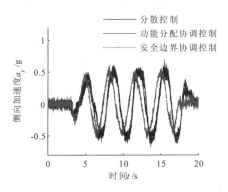

图 6.32　侧向加速度

表 6.4　蛇形试验工况性能指标对比

控制方式	质心侧偏角均方根/rad	横摆角速度均方根/（rad/s）	侧向加速度总方差/g
分散控制	0.0323	0.1601	0.0906
功能分配协调控制	0.0294	0.1423	0.0854
安全边界协调控制	0.0275	0.1354	0.0769

由表 6.4 可以得出，蛇形试验工况下，与分散控制和功能分配协调控制相比，基于行驶安全边界的协调控制策略质心侧偏角均方根减小 8.98%、6.64%，横摆角速度均方根减小 11.12%、4.85%，侧向加速度总方差减小 5.74%、9.95%。

综合以上分析，基于汽车行驶安全边界的协调控制策略提高了汽车的各项性能指标。

6.5　本章小结

本章首先进行了 EPS/ESP 的软硬件设计，进行了基于 CAN 总线信号共享、传输和控制指令传送的上层协调控制器的开发。对第 5 章介绍的基于汽车行驶安全边界的 EPS/ESP 协调控制策略进行了不同工况下的实车试验，结果表明：基于汽车行驶安全边界的 EPS/ESP 协调控制与分散控制和基于功能分配的协调控制相比，提高了整车的行驶安全性、操纵稳定性，验证了所提出的协调控制策略的有效性。

第 7 章　本书总结与展望

7.1　总结

以车辆 EPS/ESP 控制及关键技术为研究对象,介绍一种考虑驾驶员个体差异的汽车 EPS 控制策略、基于 ESP 车载传感器信号的 EPS 回正控制策略、基于汽车行驶安全边界的 EPS/ESP 协调控制策略。

（1）首先回顾了 EPS、ESP、EPS/ESP 协调控制的国内外研究现状。

（2）进行车辆动力学的控制分析必须建立一个精确描述其非线性特性的模型,而轮胎特性对于车辆的非线性特性有重要的影响。轮胎是车辆与地面联系的纽带,与转向、制动等系统相互作用。故建立能够描述轮胎非线性力学特性的 Dugoff 模型及七自由度车辆动力学模型。通过不同工况下仿真与实车试验结果的对比,验证了所建立的非线性车辆动力学模型的精确性。

（3）在深入分析汽车动力学特性与驾驶行为特性的基础上,提出一种考虑驾驶员个体差异的汽车 EPS 控制策略,减轻了驾驶员的转向负担,保证汽车的稳定行驶。熟练、一般熟练、不熟练驾驶员的转向盘操作转矩峰值分别为 $3.4\,\mathrm{N\cdot m}$、$4.2\,\mathrm{N\cdot m}$、$6.1\,\mathrm{N\cdot m}$;熟练驾驶员的转向盘操作转矩峰值较一般熟练、不熟练分别减小了 19.05%、44.26%;表明相同行驶条件下,熟练驾驶员的转向盘操作转矩较小。一般熟练、不熟练驾驶员的转向助力矩峰值分别为 $0.26\,\mathrm{N\cdot m}$、$0.37\,\mathrm{N\cdot m}$;一般熟练驾驶员的转向助力矩峰值减小了 29.23%;表明相同行驶条件下,不熟悉驾驶员需要的转向助力矩较大。仿真及硬件在环试验结果验证了所设计的控制策略的稳定性和有效性。

（4）利用车载 ESP 传感器信号，采用 UKF 滤波方法在线实时估计路面附着系数和车辆的质心侧偏角，并以二者作为参考依据，进行转向回正滑模控制，提出一种基于 ESP 功能补偿的 EPS 回正控制策略。进行了仿真及硬件在环试验，仅有助力控制时的转向盘转角响应的稳定时间为 0.55s，基于转向盘转角的 PI 回正控制时的转向盘转角的稳定时间为 0.43s，转向回正滑模控制的回正时间为 0.34s；仅助力控制时的横摆角速度响应的稳定时间为 0.59s，超调量为 10.33%，基于转向盘转角的 PI 回正控制后的横摆角速度响应的稳定时间为 0.51s，滑模回正控制后的稳定时间为 0.39s；仅助力控制时的力矩梯度为 18.75 N·m/g，PI 回正控制时的力矩梯度为 27.27 N·m/g，滑模回正控制后的力矩梯度为 31.58 N·m/g。结果表明，滑模回正控制较仅有助力控制和常规的 PI 回正控制策略，能够显著地改善车辆的中心转向性能，使车辆具有良好的回正效果。

（5）在深入分析汽车动力学固有特性的基础上，根据后轮饱和特性和汽车各运动变量之间的内在联系，描述了汽车固有的、由行驶工况及路面附着系数等决定的，由质心侧偏角和横摆角速度组成的安全边界，根据汽车行驶状态确定其行驶安全边界，提出一种基于行驶安全边界控制的 EPS/ESP 协调控制策略。进行了仿真与实车试验，双移线试验工况下，与分散控制和功能分配协调控制相比，本书的协调控制策略质心侧偏角均方根减小 17.78%、7.50%，横摆角速度均方根减小 15.44%、10.54%，侧向加速度总方差减小 27.82%、6.55%；蛇形试验工况下，协调控制策略质心侧偏角均方根减小 8.98%、6.64%，横摆角速度均方根减小 11.12%、4.85%，侧向加速度总方差减小 5.74%、9.95%。结果表明，与分散控制和基于功能分配的协调控制相比，采用基于汽车行驶安全边界的 EPS 与 ESP 协调控制策略，能够显著提高汽车的操纵性和行驶稳定性。

7.2　展望

由于车辆各子系统之间的动力学耦合及影响，各电控系统之间可能的干扰与冲突相当复杂，仍需开展相关的后续研究，以进一步完善。

（1）由于车辆参数、道路状况的变化会使车辆的转向回正性能改变，提高 EPS 系统的自适应性与鲁棒性将是下一步的研究工作。

（2）本书中尚未考虑到 EPS/ESP 控制器的故障诊断，未来有必要进行二者的容错控制研究。

（3）设计的底盘综合控制策略侧重于汽车的操纵稳定性和行驶稳定性，未考虑乘坐舒适性这一性能指标，可进一步通过建立更高自由度的车辆模型，制定更完善的控制策略，以实现操纵稳定性、行驶稳定性和乘坐舒适性的综合性能最优。

（4）出于对试验人员人身安全的考虑，实车试验的工况相对单一，下一步将选取更多的工况，以验证控制算法的有效性和完备性。

（5）考虑所设计的 EPS/ESP 协调控制器与其他系统（如发动机）的协调。

参考文献

[1] 喻凡，林逸. 汽车系统动力学[M]，北京：机械工业出版社，2017.

[2] 范璐，周兵. 低附着路面电动助力转向系统助力控制研究[J]. 汽车工程，2014，36(7)：862-866.

[3] 赵飞翔，张建伟，郭孔辉，等. 基于电阻在线估计的电动助力转向感应电机控制[J]. 吉林大学学报（工学版），2014，44(1)：5-10.

[4] 郑太雄，周花，李永福. 基于 UIO 的系统状态反馈最优控制[J]. 自动化学报，2014，40(7)：1433-1441.

[5] 李绍松，宗长富，何磊，等. 衰减转向盘冲击力矩的电动助力转向控制[J]. 吉林大学学报（工学版），2013，43(4)：849-853.

[6] Hsu Y H J, Laws S, Gadda C D, et al. A method to estimate the friction coefficient and tire slip angle using steering torque[C].2006 ASME International Mechanical Engineering Congress and Exposition. Chicago, Illinois：ASME and the ASME Foundation,2006,1-10.

[7] Hsu Y H J, Gerdes J C.A feel for the road： a method to estimate tire parameters using steering torque[C]. Proceedings of the International Symposium on Advanced Vehicle Control. Taipei: International symposium on advanced vehicle control, 2006,835-840.

[8] Hsu Y H J, Laws S, Gadda C D, et al.Experimental studies of using steering torque under various road conditions for sideslip and friction estimation. 2007 IFAC.

[9]   Hsu Y H J, Laws S, Gerdes J C. Estimation of tire slip angle and friction limits using steering torque[J].IEEE Transactions on Control Systems Technology, 2010,18(4)：896-907.

[10]   赵树恩，李玉玲，刘文文. 融合主动转向功能的电动助力转向系统 H∞控制[J]. 机械科学与技术，2014，33(8)：1233-1237.

[11]   吕英超，季学武，孙宁，等. EPS 用 PMSM 弱磁控制策略的仿真与试验研究[J]. 汽车工程，2013，35(6)：500-504.

[12]   詹长书，马振江，徐宁. 电动助力转向系统仿真及控制策略研究[J]. 北京理工大学学报，2012，32(7)：681-684.

[13]   程安宇，金辉，苗艳强，等. 基于 PID 控制优化电动助力转向系统研究及仿真[J]. 机械设计与制造，2012，(7)：156-158.

[14]   赵万忠，李怿骏，于蕾艳，等. 融合助力转向功能的新型主动转向系统 LQG 控制策略[J]. 中国机械工程，2014，25(3)：417-421.

[15]   郑太雄，周花，古宏鸣. 无传感器式交流电动助力转向系统直接转矩控制[J]. 农业机械学报，2014，3.

[16]   张海林，罗禹贡，江青云，等. 基于电动助力转向的车道保持系统[J]. 汽车工程，2013，35(6)：526-531.

[17]   臧怀泉，王媛媛. 基于遗传算法的电动助力转向系统鲁棒 H∞控制[J]. 控制理论与应用，2012，29(4)：544-548.

[18]   向丹，迟永滨，李武波，等. 电动助力转向系统控制策略及其仿真研究[J]. 控制工程，2013，20(2)：254-258.

[19]   张虎，张建伟，郭孔辉，等. 基于扰动观测器的电动助力转向系统用永磁同步电机鲁棒预测电流控制[J]. 吉林大学学报（工学版），2015，45(3)：711-718.

[20]   张荣芸，赵林峰，陈无畏，等. 基于 LPV/H∞控制的 EPS 系统及其硬件在环研究[J]. 中国机械工程，2015，26(4)：545-551.

[21] 周兵，徐蒙，范璐. 低附着路面电动助力转向控制策略[J]. 湖南大学学报（自然科学版），2015，42(2)：29-34.

[22] 程寿国. 汽车电动助力转向系统控制器热分析与结构优化设计[J]. 机械设计，2012，29(12)：54-57.

[23] 罗苏安，向宝瑜，陈宇，等. 汽车电动助力转向系统的研究与设计[J]. 武汉理工大学学报，2012，34(2)：190-192.

[24] Yamazaki I, Kushiro I, Kunihiro Y .Electronic power steering compensating control for influence of vehicle dynamics on steering torque[R]. SAE, 2009-01-0049,239-246.

[25] Wang Jun, Yang Shengbing. Adaptive yaw angular velocity control of electric power steering[R]. SAE, 2011-01-0759.

[26] Sugita S, Tomizuka M, El-Shaer A. Human-machine interaction in vehicle steering[R]. SAE, 2009-01-0359.

[27] Sugiyama Λ, Kurishigc M, Hamada H, et al. An EPS control strategy to reduce steering vibration associated with disturbance from road wheels[R] .SAE, 2006-01-1178.

[28]Koyama K, Matsunaga T. A control method utilizing EPS to reduce steering pull when driving on rutted roads[R]. SAE, 2009-01-0044.

[29] Hung Y C, Lin F J, Hwang J C, et al. Wavelet fuzzy neural network with asymmetric membership function controller for electric power steering system via improved differential evolution[J].IEEE Transactions on Power Electronics.2015，30(4)：2350-2361.

[30] Marouf A, Djemaï M, Sentouh C, et al. A new control strategy of an electric power assisted steering system[J]. IEEE Transactions on Vehicular Technology, 2012，61(8)：3574-3589.

[31] Marouf A, Djemaï M, Sentouh C, et al. Sensorless control of electric power assisted steering system[C]. 2012 20th Mediterranean Conference on Control & Automation (MED)Barcelona, Barcelona：The Mediterranean Control Association, 2012,909-914.

[32] Hanifah R A, Toha S F, Ahmad S. PID-ant colony optimization (ACO) control for electric power assist steering system for electric vehicle[C]. Proc. of the IEEE International Conference on Smart Instrumentation, Measurement and Applications (ICSIMA).Kuala Lumpur：Malaysia Section IM Chapter,2013.

[33] 赵万忠，施国标，林逸，等．电动客车电动助力转向回正控制策略[J]．江苏大学学报（自然科学版），2011，32(1)：29-30．

[34] 滕广宇，戈铅，沙雷．基于测量转向盘转角的汽车低速转向回正性能试验方法研究[J]．汽车技术，2016，(01)：32-34．

[35]赵林峰，陈无畏，秦明辉，等．基于转向轻便性及回正性能设计的 EPS 应用[J]．机械工程学报，2009，45(6)：182-186．

[36] 熊亮，刘和平，彭东林．无转矩传感器汽车电动助力转向系统的控制策略[J]．汽车工程，2013，35(8)：711-715．

[37] 史松卓，郭艳玲，赵辉．基于转向盘转角的电动助力转向系统主动回正控制研究[J]．森林工程，2014，30(1)：150-153．

[38] Chen B C, Hsu W F, Huang S J. Sliding-mode return control of electric power steering[R].SAE, 2008-01-0499.

[39] 张维，陈志刚，周廷明，等．汽车 EPS 回正控制与仿真试验研究[J]．邵阳学院学报（自然科学版），2014，11(3)：73-78．

[40] 程勇，王锋，罗石，等．电动助力转向系统回正控制策略研究[J]．汽车技术，2007(3)：8-10．

[41] 黄清泉，胡景煌．基于无传感器转角估计的回正控制策略研究[J]．北京汽

车，2014，(04)：10-13.

[42] 李绍松，宗长富，吴振昕，等. 电动助力转向主动回正控制方法[J]. 吉林大学学报（工学版），2012，42(6)：1355-1358.

[43] 何殿福，高伟. 基于转向盘角度的电动助力转向系统主动回正控制设计[J]. 汽车实用技术，2014，(10)：24-26.

[44] Kurishige M,Wada S,Kifuku T, et al. A new EPS control strategy to improve steering wheel returnability[R]. SAE, 2000-01-0815,1-6.

[45] Kurishige M,Tanaka H,Inoue N, et al. An EPS control strategy to improve steering maneuverability on slippery roads[R]. SAE, 2002-01-0618.

[46] Sugita S, Tomizuka M, EI-Shaer A. Human-machine interaction in vehicle steering[R]. SAE, 2009-01-0359.

[47] 何杰，杨娇，杭文，等. 考虑驾驶员行为特性的行车安全仿真试验[J]. 解放军理工大学学报（自然科学版），2013，14(6)：668-673.

[48] Mehrabi N, Shourijeh M S, McPhee J. Study of human steering tasks using a neuromuscular driver model[C].The 11th Internationl Symposium on Advanced Vehicle Control. Seoul Korea：The Korean Society of Automotive Engineers(KSAE),2012.

[49] Fujiwara Y, Adachi S. Steering assistance system for driver characteristics using gain scheduling control[C].2003 European Control Conference (ECC). Cambridge：European Union Control Association (EUCA)，2003，898-903.

[50] 李昌刚，武建勇，唐厚君，等. 基于底盘集成控制的人-车闭环系统对提高车辆操纵稳定性和路径跟踪能力的效果研究[J]. 汽车工程，2009，31(9)：812-819.

[51] Li Xiansheng, Zhang Jianguo,Wang Mengyao. Driving stability of closed loop tractor-semitrailer vehicle system with optimal driver model[C]. International

Conference on Measuring Technology and Mechatronics Automation, Zhangjiajie: Institute of Electrical and Electronics Engineers (IEEE), 2009, 514-517.

[52] 胡延平，赵林峰，赵斌，等. 基于容错控制的电动助力转向故障诊断系统设计[J]. 合肥工业大学学报（自然科学版），2013，36(1)：20-23.

[53] Jalali K，Lambert S，McPhee J. Development of a path-following and a speed control driver model for an electric vehicle[R]. SAE, 2012-01-0250：100-113.

[54] Milanese M , Gerlero I, Novara C. Effective vehicle sideslip angle estimation using DVS technology[R]. SAE, 2014-01-0084.

[55] Arat M A, Taheri S. Adaptive vehicle stability control by means of tire slip-angle feedback[C]. 2014 American Control Conference (ACC). Portland, Oregon：American Automatic Control Council,2014,2365-2370.

[56] Nitta C,Koto H,Takahashi K. Online estimation of vehicle stability factor for electronic stability control[R].SAE, 2013-01-0690.

[57] Ivanov V，Shyrokau B，Augsburg K，et al.Advancement of vehicle dynamics control with monitoring the tire rolling environment[R].SAE, 2010-01-0108：199-214.

[58] 赵治国，杨杰，陈海军，等. 四驱混合动力轿车驱动工况无迹卡尔曼车速估计[J]. 机械工程学报，2015，51(4)：96-107.

[59] 郭健，高振海，管欣，等. 考虑驾驶员紧急转向意图的 ESP 系统理想横摆角速度确定方法[J]. 吉林大学学报（工学版）. 2011，41(2)：74-77.

[60] 欧健，房占鹏，王林峰. 汽车 ESP 系统模型和模糊控制仿真[J]. 重庆邮电大学学报（自然科学版）. 2010，22(4)：516-520.

[61] 李胜琴，杨春博. 车辆 ESP 模糊控制算法联合仿真研究[J]. 公路交通科技，2013，30(10)：147-151.

[62] 王振臣，程菊，张聪，等. 基于模糊控制的汽车 ESP 控制系统仿真[J]. 模

糊系统与数学，2013，27(5)：88-94.

[63] 陈松，夏长高，孙旭. 基于滑模变结构车辆稳定性控制的仿真研究[J]. 重
      庆交通大学学报（自然科学版），2013，32(4)：701-704.

[64] 王金湘，陈南，皮大伟. 基于横摆角速度变门限值的车辆稳定性控制策略及
      实车场地试验[J]. 汽车工程，2008，30(3)：222-226.

[65] 喻海军，刘翔宇，方敏. 基于 ANFIS 的汽车 ESP 控制方法研究[J]. 合肥
      工业大学学报（自然科学版），2010，33 (7)：1015-1019.

[66] 张为，王伟达，丁能根，等. 汽车 ESC 系统主环伺服环分层结构控制策略
      [J]. 重庆大学学报，2012，35(7)：19-24.

[67] Hakima A, Ameli S. Improvement of vehicle handling by an integrated control
      system of four wheel steering and ESP with fuzzy logic approach[C]. International
      Conference on Mechanical and Electrical Technology. Chengdu: Institute of
      Electrical and Electronics Engineers (IEEE), 2010：738-744.

[68] 范小彬，夏群生. 汽车稳定性控制虚拟样机和试验研究[J]. 机械设计与制
      造，2011，(7)：206-208.

[69] 刘翔宇，陈无畏. 基于 DYC 和 ABS 分层协调控制策略的 ESP 仿真[J]. 农
      业机械学报. 2009，40(4)：1-5.

[70] 郭建华,初亮,刘明辉,等.汽车 ESP 模糊自适应控制[J].汽车技术,2009(03)：
      18-21.

[71] Aykent B,Tomaske W,Meywerk M. Study of the influence of an active roll
      controller on a load-dependent vehicle stability[R].SAE, 2009-01-1669.

[72] Ruiz I R,Cheli F. Vehicle Dynamics, Stability and Control[R]. SAE,
      2014-01-0134.

[73] Katzourakis D I, Papaefstathiou I, Lagoudakis M G. An open-source scaled
      automobile platform for fault-tolerant electronic stability control[J]. IEEE

Transactions on Instrumentation and Measurement, 2010,59(9): 2303-2313.

[74] Rajamani R, Piyabongkarn D N. New paradigms for the integration of yaw stability and rollover prevention functions in vehicle stability control[J]. IEEE Transactions on intelligent transportation systems, 2013, 14(1): 249-260.

[75] Lee T, Kim B, Yi K, et al. Development of lane change driver model for closed-loop simulation of the active safety system[C]. 2011 14th International IEEE Conference on Intelligent Transportation Systems, Washington: Institute of Electrical and Electronics Engineers (IEEE),2011,56-61.

[76] 孟爱红，王治中，宋健，等. 汽车 ESP 液压控制单元关键部件建模与系统仿真[J]. 农业机械学报，2013，44(2): 1-5.

[77] 王伟玮，宋健，李亮，等. ESP 液压执行单元柱塞泵动态特性仿真与试验[J]. 农业机械学报，2012，43(4): 1-5.

[78] Rieth P E, Schwarz R. ESC II – ESC with active steering intervention[R]. SAE, 2004-01-0260: 1-7.

[79] Kou Y,Kim W,Yoon S H, et al. Integration chassis control (ICC) systems of Mando[R].SAE, 2004-01-2044.

[80] Choi J, Yi K, Suh J, et al. Coordinated control of motor-driven power steering torque overlay and differential braking for emergency driving support[J]. IEEE Transactions on Vehicular Technology, 2014,63(2): 566-579.

[81] Choi J, Kim K, Yi K. Emergency driving support algorithm with steering torque overlay and differential braking[C]. 14th International IEEE Conference on Intelligent Transportation Systems, Washington: Institute of Electrical and Electronics Engineers (IEEE), 2011, 1433-1439.

[82] 李以农，赵树恩，郑玲. 汽车主动底盘多模型分层协调控制[J]. 系统仿真学报，2010，22(5): 1274-1278.

[83] 陈无畏，初长宝. 基于分层式协调控制的汽车电动助力转向与防抱制动系统仿真[J]. 机械工程学报，2009，45(7)：189-193.

[84] 汪洪波，陈无畏，杨柳青，等. 基于博弈论和功能分配的汽车底盘系统协调控制[J]. 机械工程学报，2012，48(22)：105-112.

[85] 马国宸，宋小文，王耘，等. 汽车电动助力转向系统、防抱死系统与主动悬架集成控制[J]. 机械科学与技术，2011，30(10)：1602-1607.

[86] Lu S B, Choi S B, Li Y N, et al. Global integrated control of vehicle suspension and chassis key subsystems[J]. Proc. IMechE Part D：J. Automobile Engineering, 2009, 224：423-439.

[87] Poussot V C, Sename O, Dugard L. A LPV/H∞ global chassis controller for handling improvements involving braking and steering systems[C]. Proceedings of the 47th IEEE Conference on Decision and Control. Cancun：IEEE Control Systems Society (CSS), 2008, 5366-5370.

[88] Burgio G, Zegelaar P. Integrated vehicle control using steering and brakes. Int . J . Control, 2006, 79 (5)：534-541.

[89] 高晓杰，余卓平，张立军. 基于车辆状态识别的 AFS 与 ESP 协调控制研究[J]. 汽车工程，2007，29(4).

[90] Cho W,Yoon J,Yi K, et al. An investigation into unified chassis control based on correlation with longitudinal/lateral tire force behavior[R]. SAE, 2009-01-0438.

[91] Ali R K M,Tabatabaei S H,Kazemi R, et al. Integrated control of AFS and DYC in the vehicle yaw stability management system using fuzzy logic control[R].SAE, 2008-01-1262.

[92] 赵健，郭俐彤，朱冰，等. 基于底盘集成控制的轻型汽车防侧翻控制[J]. 汽车工程，2014，36(3)：334-339.

[93] Naraghi M,Roshanbin A,Tavasoli A. Vehicle stability enhancement -an adaptive

optimal approach to the distribution of tyre forces[J]. Proc. IMechE Vol. 224 Part D: J. Automobile Engineering.443-451.

[94] Hwang T H,Park K,Heo S J, et al. Design of integrated chassis control logics for AFS and ESP[J]. International Journal of Automotive Technology, 2008, 9(1): 17-27.

[95] Yoon J, Cho W, Kang J, et al. Design and evaluation of a unified chassis control system for rollover prevention and vehicle stability improvement on a virtual test track[J]. Control Engineering Practice. 2010, 18: 585-597.

[96] Goodarzi A,Alirezaie M. Integrated fuzzy/optimal vehicle dynamic control[J]. International Journal of Automotive Technology, 2009, 10(5): 567-575.

[97] Yoon J, Cho W, Yi K,et al. Vehicle stability control scheme for rollover prevention and maneuverability/lateral stability improvement[R].SAE, 2009-01-0826.

[98] Selby M, Manning W J, Brown M D, et al. A coordination approach for DYC and active front steering[R]. SAE, 2001-01-1275.

[99] Nagai M, Shino M, Gao F. Study on integrated control of active front steer angle and direct yaw moment[J]. JSAE Review 23 (2002): 309-315.

[100] Goodarzi A,Sabooteh A, smailzadeh E. Automatic path control based on integrated steering and external yaw-moment control[J]. Proc. IMechE Vol. 222 Part K: J. Multi-body Dynamics, 2008,189-199.

[101] Heo H, Joa E, Yi K, et al. Integrated chassis control for enhancement of high speed cornering performance[R]. SAE, 2015-01-1568.

[102] Rengaraj C, Crolla D. Integrated chassis control to improve vehicle handling dynamics performance[R]. SAE, 2011-01-0958.

[103] Cairano S D, Tseng H E, Bernardini D, et al. Vehicle yaw stability control by

coordinated active front steering and differential braking in the tire sideslip angles domain[J]. IEEE Transactions on Control Systems Technology, 2013,21(4)：1236-1246.

[104] Tang Xinpeng. Study of integrated chassis control system based on virtual prototype simulation [R]. SAE, 2013-01-0424.

[105] Cherouat H,Diop S. An observer and an integrated braking/traction and steering control for a cornering vehicle[C]. 2005 American Control Conference, 2005. Portland, OR, USA. 2212-2217.

[106] 王其东，王金波，陈无畏，等．基于汽车质心侧偏角的 EPS 回正控制策略 [J]．汽车工程，2015，37(8)：910-916.

[107] Yasui Y, Kodama H, Momiyama M, et al. Electronic Stability Control (ESC) coordinated with Electric Power Steering(EPS) [R]. SAE, 2006-05-0506.

[108] 石延平,范书华,臧勇．汽车 ESP 和 EPS 系统的转角转矩组合式传感器[J].仪表技术与传感器，2012，10：4-6.

[109] 毕玲峰．磁阻式 EPS 专用转矩转角传感器的研发[D]．合肥：合肥工业大学，2012.

[110] Lee A,Jung J,Koo B G, et al. Steering assist torque control enhancing vehicle stabiliity[C]. Proceedings of the 17th World Congress.Seoul：The International Federation of Automatic Control, 2008. 5676-5681.

[111] Nakajima K, Kurishige M, Endo M, et al. A vehicle state detection method based on estimated aligning torque using EPS[R]. SAE, 2005-01-1265.

[112] Robert Bosch GmbH. Vehicle dynamics management. Vehicle Dynamics Expo,2007.

[113] 王其东，王金波，陈无畏，等．基于汽车行驶安全边界的 EPS 与 ESP 协调控制策略[J]．机械工程学报，2016，50(6)：1-9.

[114] 杨军，陈无畏，赵林峰，等. 基于 ESP 功能分配的 EPS 回正力矩补偿控制策略[J]. 汽车工程，2015，37(7)：794-801.

[115] Jung J. Synergies of Unified Chassis Control (UCC). 2006 MANDO global technical seminar.

[116] 张荣芸，黄鹤，陈无畏，等. 基于功能分配与多目标模糊决策的 EPS 和 ESP 协调控制[J]. 机械工程学报，2014，50(6)：99-106.

[117] 陈无畏，杨军，汪洪波，等. 基于功能分配的 EPS 与 ESP 集成协调控制[J]. 机械工程学报，2015，51(16)：1-10.

[118] Chung T，Kim D，Yang S. Alternative approach to design ESC and MDPS integrated control system[R].SAE, 2010-01-0101.

[119] Lee J，Yi K. Development of a combined steering torque overlay and differential braking strategy for unintended　lane departure avoidance[C]14th International IEEE Conference on Intelligent Transportation Systems，Washington：Institute of Electrical and Electronics Engineers (IEEE)，2011, 1223-1230.

[120] 江青云. 基于 ESP 与 EPS 的底盘一体化控制技术研究[D]. 北京：清华大学，2011.

[121] 陈禹行. 分布式驱动电动汽车直接横摆力矩控制研究[D]. 长春：吉林大学，2013.

[122] 丁海涛，郭孔辉，李飞，等. 基于加速度反馈的任意道路和车速跟随控制驾驶员模型[J]. 机械工程学报，2010，46(10)：116-120.

[123] Taheri S, Rakheja S, Hong H. Influence of human driving characteristics on path tracking performance of vehicle[C]. International Conference on Intelligent Robotics and Applications, Quebec：ICIRA 2012, Part II, LNAI 7507, 207-216.

[124] 赵林峰，陈无畏，秦炜华，等. 低附着路面条件的 EPS 控制策略[J]. 机械工程学报，2011，47(2)：109-114.

[125] 苏运福. 基于驾驶员行为模型预测的汽车动力学控制研究[D]. 长春: 吉林大学，2015.

[126] 龙华伟，顾永刚. LabVIEW8.2.1 与 DAQ 数据采集[M]. 北京：清华大学出版社，2008.

[127] Kim J H,Song J B. Control logic for an electric power steering system using assist motor[J]. Mechatronics,2002(12)：447-459.

[128] 李骞，刘辛. 改进的卡尔曼滤波算法系统参数辨识仿真研究[J]. 计算机仿真，2012，29(3)：172-175.

[129] 石勇，韩崇昭. 自适应 UKF 算法在目标跟踪中的应用[J]. 自动化学报，2011，37(6)：756.

[130] Emelyanov S V, Taran V A. Use of inertial elements in the design of a class of variable structure control systems[J]. Automation and Remote Control, 1963,1(1-29)：183-190.

[131] Utkin, V I. Variable structure system with sliding modes[J], IEEE Trans. Automatic Control, 1977, 22(2)：212-222.

[132] Slotine　J J E. Sliding controller design for nonlinear systems[J], Int. Journal of Control, 1984, 40(2)：421-433.

[133] 刘金琨. 滑模变结构控制 MATLAB 仿真[M]. 2 版. 北京：清华大学出版社，2012，87-88.

[134] Norman K D. Objection evaluation of on-center handling performance[R]. SAE, 840069.

[135] 肖峻，贡晓旭，贺琪博，等. 智能配电网 N－1 安全边界拓扑性质及边界算法[J]. 中国电机工程学报，2014，34(4)：545-552.

[136] 肖峻，贺琪博，苏步芸. 基于安全域的智能配电网安全高效运行模式[J]. 电力系统自动化，2014，38(19)：52-59.

[137] 于梦阁，张继业，张卫华. 桥梁上高速列车的强横风运行安全性[J]. 机械工程学报，2012，48(18)：105-110.

[138] 曹亚博，凌亮，邓永权，等. 强阵风环境下高速列车运行安全性研究[J]. 机械工程学报，2013，49(18)：31-36.

[139] 丁水汀，鲍梦瑶，杜发荣. 航空活塞发动机涡轮增压系统的安全边界研究[J]. 航空动力学报，2011，26(11)：2534-2541.

[140] 武勇，胡建斌，唐礼勇. 基于精细电子地图定位的信息安全边界[J]. 计算机工程，2009，35(16)：1-3.

[141] Rawat A, Wang J. A reliability strategy for zero field failures in automotive electronics[R]. SAE, 2005-01-1398.

[142] 王占瑞. 汽车 ESP 液压系统的建模仿真与动态特性研究[D]. 武汉：武汉理工大学，2014.

附　　录

表 1　车辆部分主要参数

参数	数值
整车质量 m/kg	1360
整车绕质心转动惯量 I_z/(kg·m^2)	1750
质心距前轴距离 l_f/m	1.23
质心距后轴距离 l_r/m	1.32
轮距 d/m	1.54
转向轴转动惯量 J_c/(kg·m^2)	0.04
转向轴刚度 k_c/(N·m/rad)	120
转向轴阻尼系数 B_c/(N·m/s)	0.36
转向轴小齿轮半径 R_p/m	0.0071
电机电枢电阻 R/Ω	0.37
电机电感系数 L/H	0.013
电动机的转动惯量 J_m/(kg·m^2)	0.0047
电动机和减速器的阻尼 B_m/(N·m/s)	0.0033
电机减速比 N/-	16
转向系统的刚度系数 k_s/(N·m/rad)	1.0
转向系统的阻尼系数 B_s/(N·m·s/rad)	0.9
转向系统转动惯量 J_s/(kg·m^2)	0.17
人体胳膊的刚度系数 k_d/(N·m/rad)	5.0
人体胳膊的阻尼系数 B_d/(N·m·s/rad)	0.9

人体胳膊的转动惯量 $J_d/(\text{kg} \cdot \text{m}^2)$	0.104
转向管柱的转动惯量 $J_h/(\text{kg} \cdot \text{m}^2)$	0.02
转向管柱的阻尼 $C_h/(\text{N} \cdot \text{m} \cdot \text{s}/\text{rad})$	0.16
转向轴的当量惯性矩 $J_p/(\text{kg} \cdot \text{m}^2)$	1.17
转向轴的当量阻尼系数 $C_p/(\text{N} \cdot \text{m} \cdot \text{s}/\text{rad})$	0.69
汽车质心高度 h/m	0.25
轮胎有效滚动半径 r_{eff}/m	0.30
主销后倾角 $\gamma/°$	3.0
主销内倾角 $\lambda/°$	7.8